Schriften
des
Vereins für Sozialpolitik.

147. Band.

Die Ansiedelung von Europäern in den Tropen.

Vierter Teil.

Verlag von Duncker & Humblot.
München und Leipzig 1914.

Britisch-Kaffraria und seine deutschen Siedlungen.

Von

Johannes Spanuth.

Mit einer Karte.

Verlag von Duncker & Humblot.
München und Leipzig 1914.

Alle Rechte vorbehalten.

Altenburg.
Pierersche Hofbuchdruckerei
Stephan Geibel & Co.

Britisch-Kaffraria und seine deutschen Siedlungen.

Inhaltsverzeichnis.

	Seite
„Britisch-Kaffraria"	3—4
1. Vorgeschichte Kaffrarias bis zur ersten Eroberung	4—14
2. Die Eroberung. Provinz „Queen Adelaide" und „British Caffraria"	14—25
3. Friedensarbeit seit der Eroberung	25—33
4. Die Englisch-Deutsche Legion	33—40
5. Die deutschen Emigranten 1858—59	40—53
6. Spätere Einwanderung	53—57
7. Lebensverhältnisse der Deutschen	57—64
8. Schwarz und Weiß	64—69
Abschließende Erwägungen	69—70
Anhang:	70—82
1. Bedingungen für die Bildung einer militärischen Niederlassung 1856	70—76
2. Stationen der militärischen Ansiedlung	76—78
3. Kontrakt und Auszug aus dem Regulativ für die Emigranten von 1858—59	78—81
4. Bekanntmachung der Auswanderungsagenten über Bedingungen zur Gewährung freier Ausreise an Emigranten 1877	81—82

„Britisch=Kaffraria."

„Britisch=Kaffraria" bildete von seiner endgültigen Eroberung im Jahre 1848 bis zur Einverleibung in die größere Kapkolonie im Jahre 1865 ein selbständiges Glied im britischen Kolonialreiche. Seitdem gibt die Rücksicht auf das geschäftliche Werden, auf geographische Lage und auf nachgebliebene Eigenart eine gewisse Berechtigung, diesen Namen weiter zu gebrauchen. Es handelt sich um das Hinterland der Hafenstadt East London. Wenn man von der Küste landeinwärts fährt, haftet bald der Blick von jeder Erhebung des hügeligen Küstenlandes aus auf dem Amatole= (d. i. Kälber=) Gebirge, das wie eine Mauer die Distrikte landeinwärts abgrenzt, und dessen Ausläufer, wie der schwarzbewaldete Piriebusch hinter King Williams Town, sich weit zum Gestade recken. Die tief eingerissenen Flußtäler des Kei und des Fischflusses bilden im Nordosten und im Südwesten starke natürliche Grenzen, ehemals noch trennender, als noch keine gebahnten Wege die steilen Berge herabführten und einen gangbaren Durchlaß durch das urwaldähnliche Gebüsch an den Flußläufen boten. Mit dem Zusatznamen „Britisch"=Kaffraria sollte seinerzeit dieser Teil von dem damals noch freibleibenden Kafferlande, Caffraria proper, unterschieden werden. Diese Unterscheidung besteht auch heute trotz Aufhebung der politischen Grenzen sachlich noch zu Recht. Das Gebiet vom Kei bis nach Natal ist „eigentliches" Kafferland geblieben, Reservat für verschiedene Kafferstämme (Pondo, Griqua); diese „Eingeborenen=Territorien" sind bis heute der weißen Besiedlung verschlossen und die Eigenart von „Britisch"=Kaffraria ist eben die Mischung von Eingeborenen und weißen Siedlern. Die Geschichte dieser Besiedlung weckt unser Interesse als der größten deutschen Siedlung Afrikas. Es sei gestattet, im Rahmen unserer Ausführungen auch auf die Geschichte des Landes selbst zurückzugreifen. Nicht nur, weil die Geschichte der deutschen Siedlung immer wieder von selbst in den größeren Rahmen der Landesgeschichte hineinweist; nicht nur, weil für den, der solche deutsche Siedlungen in anderen Ländern etwa mit unseren Kolonien vergleicht, auch ein Gegenüberstellen der Eroberungsperiode, die der wirtschaftlichen

Erschließung vorangeht, wichtig ist, sondern auch, weil ich damit rechne, daß manch einer an der Geschichte des Landes selbst Interesse hat, etwa Deutsche, die draußen ihre neue Heimat gefunden haben, oder auch diejenigen, die beruflich unter den Deutschen in Südafrika als Kaufleute, Lehrer, Pastoren[1] zu arbeiten haben. Sieht das Auge dort auch nicht, wie hier überall, die Spuren einer großen Geschichte, so bietet doch jedes Städtchen, jedes Dorf, jeder Siedlungsbezirk, jede Kirche einen Ausgangspunkt für die geschichtliche Frage nach Zeit und Veranlassung der Entstehung. Jedenfalls war diese immer wieder gestellte Frage für mich der Weg zum liebevollen Verständnis der deutschen Siedlungen in Britisch-Kaffraria und damit die Veranlassung zu den nachfolgenden Ausführungen. Vorarbeiten, soweit sie die „Geschichte Kaffrarias" betreffen, hatte ich vor einigen Jahren im Südafrikanischen Gemeindeblatt Nr. 282—296 (jetzt: „Volksbote"), Stoffsammlungen für die Geschichte der deutschen Siedlungen in einer Festschrift zum 50jährigen Siedlungsjubiläum veröffentlicht (Exemplare bei Feesche, Hannover). — Trotz der verhältnismäßig nahen Vergangenheit galt es manche Schwierigkeiten zu überwinden, da nur bei den größeren geschichtlichen Zusammenhängen eine Anlehnung an Geschichtswerke möglich war, im übrigen aber gelegentliche Berichte und mündliche Traditionen zu verwerten, anzuregen und zu sichten waren. Ich hoffe, ein einigermaßen richtiges Bild zu zeichnen.

1. Vorgeschichte Kaffrarias bis zur ersten Eroberung.

Kaum eine andere Provinz des südafrikanischen Reiches hat den Engländern so viel Blut und Geld gekostet, als Kaffraria. Hier, zwischen Fischfluß und Kei, trafen sich zwei große Völkerbewegungen: die von Südwesten immer weiter vordringenden Weißen begegneten hier den von Nordosten sich vorschiebenden Kafferstämmen.

Südliche Wanderungen der Kaffern.

Ehedem war jene Gegend von Hottentotten und Buschmännern bewohnt. Einzelne Kafferstämme waren schon in früherer Zeit über den Kei vorgedrungen; etwa 1650 der Stamm der Amatinde[2], um 1720 die Imidange; auch die Qonukwebe scheinen ein früh eingewan-

---

[1] Die Hannoversche Landeskirche versorgt die meisten der deutschen Gemeinden in Südafrika mit Pastoren. Verfasser war acht Jahre lang, von 1903—1911 Pastor an den deutschen Gemeinden Berlin, Potsdam und Macleantown.

[2] Ama ist Pluralpräfix

oerter und mit Hottentotten vermischter Stamm zu sein. Der Hauptstrom von Kaffern ergoß sich erst um 1760 über das Land. Unter ihrem großen Häuptling Rarabe, der noch 1750 jenseits des Kei beim heutigen Butterworth wohnte, überschritt ein großer Teil der Ama-Xosa den Kei, die Buschmänner und Hottentotten im Vordringen fast völlig vernichtend. Lebendige Erinnerungen an die frühere Buschmannszeit bilden die drei Klix- oder Schnalzlaute in der Kaffersprache, die aus der Sprache der besiegten Buschmänner übernommen wurden. Sie werden mit X, Q und C nach der verschiedenen Stärke des Schnalzens der Zunge wiedergegeben, und haben sich in vielen Ortsnamen (die der Kaffer immer nach den Flußläufen bezeichnet) erhalten: Nciba-Kei, Qonubi, Nxachoon, Qonce-Buffalo-King Williams Tow, Xesi-Keiskama, Uxaba-Fischfluß. Ein Bergkegel bei Debenek heißt Intaba-kandoda, genannt nach einem Buschmannshäuptling 'Ndoda; der alte Name des Piriebusches ist gleichfalls buschmannisch, Hoho. Steinwerkzeuge der Buschmänner, der Art, wie das Britische Museum in London sie in reicher Auswahl besitzt, wurden bisweilen auch von den Farmern jener Gegend ausgepflügt; Buschmannszeichnungen kommen am Kei und bei Cathcart vor.

Also erst durch südliches Vordringen der Kafferstämme ist das Land bis zum Fischflusse ein „Kafferland" geworden. Die vordringenden Stämme zeigten keineswegs Neigung, durch den Fischfluß sich aufhalten zu lassen. Und da zu gleicher Zeit vom Süden her die Weißen die Grenzsteine ihrer Farmen immer weiter vorschoben, so war ein Zusammenstoßen unvermeidlich. Der Besitz der Weißen an Vieh lockte die Kaffern immer wieder über den Fischfluß herüber, denn Viehstehlen ist ein altes Stammesübel der Kaffern gewesen, gegen das sich die Weißen nur mit fortgesetzten Kolonialkriegen bis zur Niederwerfung der Kaffern haben erwehren können. Die Berichte der Missionare aus früherer Zeit (nicht nur eines Dr. Philipps von der Londoner Mission, sondern auch solche der nüchterner urteilenden Berliner Missionare) haben ein Verschulden auch auf seiten der Weißen gesucht, wenn immer neue Kafferkriege entstanden. Aber jedenfalls ist ebensosehr, wie etwaige Hervorkehrung des Herrenstandpunktes, auch Zurückhaltung der Weißen in der Ausnutzung ihrer Erfolge, Milde und Nachgiebigkeit als Schwäche des Gegners empfunden worden, die zu neuen Aufständen führte.

1780 hatten die Ama-Xosa dem holländischen Gouverneur Joachim van Plettenberg gegenüber (1771—1785) den Fischfluß als Grenze anerkannt. Der Vertrag wurde nicht gehalten; die Kaffern drangen über den Fischfluß vor, und die wenigen weißen Farmer, die dort wohnten, mußten sich vor ihnen zurückziehen. Adrian van Jaarsfeld sammelt ein Kommando von Weißen und Hottentotten und treibt die Kaffern über den Fischfluß zurück.

II. Kafferkrieg. Bereits 1789 dringen die Kaffern wieder vor. Bis zum Zwartkop beim heutigen Port Elizabeth waren die Eindringlinge gekommen. Der Gouverneur Cornelis van de Graaff (1785—1791) wollte keinen Krieg, sondern suchte sie mit Güte und Geschenken zum Rückzuge zu bewegen. Aber es gelingt ihm nicht ganz: im Zuurveld, dem Strich Landes südlich vom Fischfluß, bleiben Kafferstämme wohnen, zumeist Angehörige des Qonukwebestammes.

III. Kafferkrieg. Zehn Jahre später 1799 neue Unruhen! Es waren Streitigkeiten zwischen den Nachfolgern Rarabes ausgebrochen. Ndlambe flieht vor Gqika, dem Sohne seines Bruders Mlau, zu den Stämmen im Zuurveld und macht sie unruhig. Im Verein mit aufrührerischen Hottentotten durchziehen die Kaffernhorden wieder den ganzen Graaff-Reinet-Distrikt (damals bildete — bis 1804 — das ganze Land vom Gamtoofluß bis zum Fischfluß nur erst diesen einen Distrikt). 1803 wird ein neuer Vertrag geschlossen; das Zuurveld verbleibt den Kaffern, aber sie dürfen nicht weiter vordringen. Die Feindseligkeiten werden also auch dieses Mal wieder eingestellt, ohne daß auf eine wirkliche Besiegung der Plünderer und Viehräuber gedrungen wäre. Die Räubereien nehmen trotz des Vertrages ihren Fortgang.

IV. Kafferkrieg. Es wird schließlich die Notwendigkeit erkannt, den Fischfluß wieder als Grenze zu haben und die Kaffern wieder hinter dessen schwer passierbare Ufer und Büsche zurückzutreiben. Der Gouverneur Sir John Cradock (1811—1814) beschloß, das Zuurveld zu räumen. Oberst John Graham, an der Spitze von Soldaten und Bürgern, erhielt den Auftrag dazu. 1812 werden Ndlambe und die anderen Kafferstämme zurückgetrieben. Um ihre Rückkehr zu verhindern, wird eine militärische Postenkette mit befestigten Plätzen eingerichtet. Das wichtigste dieser Forts, auf Lucas Meyers Farm gebaut, wird nach dem Anführer Grahamstown genannt.

Das Viehstehlen dauerte fort, trotzdem wieder einmal Ordnung geschaffen schien, — und trotz der Postenkette. Es wurde eine Farmbesiedlung des Zuurveldes versucht, welche aber wegen der Räubereien nicht gehalten werden konnte; von 145 meist holländischen Farmern verließen 90 den Distrikt wieder. Der Kleinkrieg hörte eigentlich gar nicht auf, denn der Gouverneur, Lord Charles H. Somerset (1814 bis 1826), hatte angeordnet, daß die Viehräuber verfolgt werden sollten; da, wo die Spur endete, wurde Auslieferung des gestohlenen Viehes oder Schadenersatz gefordert, — ohne daß man sich mit einer Untersuchung lange aufhielt, wer der Dieb gewesen war. Offener Krieg wurde durch die Kafferstämme selbst wieder heraufbeschworen.

Zwischen Kei und Fischfluß saßen Rarabes Nachfolger, Gqika und Ndlambe, — Rivalen um die Königswürde. Jenseits des Kei residierte Hintsa, der Häuptling der Gcaleka, der den Anspruch erhob, Oberhaupt auch der Rarabestämme diesseits des Kei zu sein. Der Gouverneur nahm Partei für Gqika und wollte nur mit ihm als Oberhäuptling verkehren. Deshalb unterstützte Hintsa die Ndlambeleute, ebenso wie es auch Makana tat, der mächtige Minister des kleineren Stammes der Dushane. So kam es zum Bürgerkrieg. Gqikas Rat, Ntsikana, riet seinem Herrn, sein Gebiet am Thyumie (noch heute heißt einer der höchsten Gipfel dort Gqikaskop) nicht zu verlassen, und nicht über die Keiskama zu gehen. Gqika ging doch, zog durch den Paß Debe Nek und fand unter dem Intaba=ka=Ndoda die Ama 'Ndlambe zur Schlacht aufgestellt. Eine große Schlacht wurde geschlagen, die letzte hierzulande zwischen Eingeborenen[1]. Nach den eigentümlichen schüsselförmigen Vertiefungen, die sich zu Tausenden in dieser Gegend befinden, heißt sie die Schlacht bei Amalinde oder Kommetje Flats. Gqika wurde geschlagen, zog sich nach dem Winterberge zurück und rief die Engländer zu Hilfe. Diese trieben Ndlambe zurück und wollten dann die Kaffern ihre häuslichen Zwistigkeiten untereinander abmachen lassen. Doch Ndlambe dachte anders. Er dringt bis Enon, tief ins englische Gebiet vor. Eine zahllose Kafferhorde überschwemmt verheerend die Kolonie. Grahamstown, mit einer Besatzung von 4000 Mann unter Oberst Willshire, wird angegriffen und belagert. Makana feuert die Seinen an: „Zur Schlacht! Zur Schlacht! Laßt uns die Weißen in die See treiben! Dann wollen wir sitzen und Honig essen!" Aber die Kaffern wurden mit so großen Verlusten — 1700 fielen — abgeschlagen, daß sie nie wieder eine Festung in offenem Kampfe anzugreifen wagten.

V. Kafferkrieg.

Schlacht bei Amalinde.

---

[1] Eine Beschreibung dieser letzten großen Eingeborenenschlacht, wie sie die Missionare den Erzählungen alter Kaffern abgelauscht haben, findet sich bei Kropf, Ntsikana (Berlin, Traktat der ev. Missionsgesellschaft).

Oberst Willshire dringt in drei Kolonnen bis zum Kei vor. Makana stellt sich dem Sieger; er wird nach Robben Island verbannt. Das Land zwischen Fischfluß und Keiskama wird von Gqika abgetreten und zu einer neutralen Zone erklärt, die von beiden Seiten freizulassen sei. Neue Forts, in vorgeschobener Lage, werden zur Sicherung der neuen Grenze gebaut; wir nennen als Beispiel Fort Willshire an der Keiskama. —

Neutrale Zone.

Mit diesem Friedensschluß hatten die Weißen ihren Fuß über den Fischfluß gestellt. Bis dahin hatten die Beziehungen zwischen Kaffern und Weißen fast ausschließlich im Viehstehlen und Kriegführen bestanden. Weißen — Händlern wie Siedlern — war das Kafferland verschlossen gewesen. 1817 war ein Abkommen zwischen Gqika und Lord Somerset getroffen, daß zweimal des Jahres Partien von Kaffern nach Grahamstown kommen dürften, um Einkäufe zu machen. Als nun die Weißen den Kaffern näherrückten, wurden 1821 in Fort Willshire Jahrmärkte eingerichtet, die um so öfter abgehalten wurden, je mehr mit der Zeit Händler sich unerlaubten Eingang ins Kafferland zu verschaffen wußten. Den Handel auf diesen Jahrmärkten darf man sich anfänglich nicht allzu blühend vorstellen. Etwas Perlen, Messingdraht, Knöpfe und ähnliches wurde verkauft, wohl nicht mehr als etwa 200 £ jährlich im Wert. Bezahlt wurde mit Vieh. Ein dreieckiges Stück Eisen, als Axt zu gebrauchen, 1—2 Pfund schwer, kostete einen Ochsen. Erst nach 1830 erhielten die Händler Erlaubnis, sich zwischen den Kaffern anzusiedeln. Man wundert sich nicht, zu lesen, daß einige Jahre später schon eine ganze Reihe im Kafferland saßen, und daß auch die Auswahl der Handelsartikel sich schnell erweiterte.

Erste Handelsbeziehungen.

Somersets Plan, das Land zwischen Keiskama und Fischfluß freizulassen, wurde nicht durchgeführt. Unter Sir Donkin als stellvertretendem Gouverneur 1820—1821 wurde die erste Siedlung von Weißen nördlich des Fischflusses bereits 1821 gegründet. Er gab zwischen Fischfluß und Beka eine Reihe von großen Farmen aus. Dazu wurden Soldaten als Knechte für die Farmbesitzer angesiedelt. Die Siedlungen sollten zugleich militärischen Zwecken dienen, ein System, das schon anderwärts erprobt war und noch öfter hier in der Eroberung des Kafferlandes angewandt wurde. Die Bedingungen sind sich immer ähnlich: Freies Vermessen, begrenzte Abgabenfreiheit, persönliches Bewohnen, Verpflichtung zum Militärdienst und dergleichen. — Diese Siedlung Frederiksburg ging aber bereits 1822 wieder ein.

Erste Siedlung jenseits des Fischflusses.

Donkins Absicht, landeinwärts am Katzenfluß Schotten anzusiedeln, kam gar nicht zur Ausführung, es hatte sein Bewenden bei den Vorbereitungen, die dazu getroffen wurden.

Auch die Eingeborenen konnten es nicht verschmerzen, daß die schönen Weiden jenseits der Keiskama leer bleiben sollten. Die Qonukwebe im Küstenstrich behaupteten, Gqika habe gar kein Recht gehabt, das Land — ihr altes Land! — abzutreten. Sie ruhten nicht, bis sie 1826 die Erlaubnis erhielten, ihr Vieh jenseits der Keiskama weiden zu lassen. Mit dem Vieh kamen sie selbst. Bald saßen sie so fest da, daß nur Krieg sie wieder hätte vertreiben können. 1830 wird zu ihrer Bewachung ein militärischer Posten — Gwalana Post — eingerichtet. — In den Bergen landeinwärts drängten die Söhne Hintsas — Makoma und Tyali — im Verein mit kleineren Stämmen ständig über die Grenze; abwechselnd wurden sie geduldet und wieder herausgeworfen. 1823 wird zur Sicherung gegen Makoma Fort Beaufort am Kat River gebaut. {Aufteilung der neutralen Zone.}

Ein drittes Element in der neutralen Zone bildeten die Hottentotten, die 1829 am Kat River angesiedelt wurden. In den südlicheren Distrikten bildeten sie ein unstetes Element, nahezu eine Landplage. Hier sollten sie zu geregelter Lebensweise gesammelt werden. Sie haben in den späteren Kafferkriegen eine wichtige Rolle gespielt, als Soldaten im Dienst der Regierung, aber auch als gefährliche Rebellen. Das Gebiet westlich von den Hottentottensiedlungen endlich — vom Koonapfluß bis zum Fischfluß — wurde 1830 an Farmer ausgegeben, auch als Militärsiedlungen. 1838 wurde am Koonapfluß, da wo jetzt Adelaide liegt, eine schottische Kirche gebaut.

So war zuguterletzt das ganze Land der „neutralen" Zone bis zur Keiskama aufgeteilt.

Wir haben in diesem Zusammenhange kurz die Besiedlung des sogenannten Zuurveldes, südlich vom Fischfluß, des späteren Albany, durch größere Mengen britischer Ansiedler im Jahre 1820 zu erwähnen. Sie gehört zur Vorgeschichte Kaffrarias, weil dadurch die Südgrenze des Kafferlandes nachhaltiger als durch kriegerische Eroberung als Besitz der Weißen gesichert wurde. Unwillkürlich wird man zudem die Geschichte dieser beiden Nachbarsiedlungen, die für die Entwicklung Südafrikas so bedeutend geworden sind, miteinander vergleichen. Endlich hat die ältere Siedlung direkt auf die Entwicklung Kaffrarias eingewirkt, da sie nicht wenige Familien an die jüngere Siedlung ab- {Besiedlung von Albany 1820.}

gegeben hat. Viele von den englischen und auch holländischen Familien, zwischen denen die Deutschen in Kaffraria leben, stammen dorther. In denselben Jahren 1857—1859, als für die Deutschen die Kleinsiedlungen in Kaffraria ausgelegt wurden, ließ Sir George Grey den größten, noch übrigen Teil Kaffrarias zu Farmen vermessen. Auf die Ausschreibung meldeten sich einige, die bereits im Lande waren, einige wenige Farmer aus dem Westbezirk; die meisten kamen aus den 1820 besiedelten Gebieten[1]. Dadurch ist die deutsche Siedlung in wirtschaftliche Berührung mit der älteren, britischen Nachbarsiedlung getreten, und zugleich ist dadurch die völkische Fragestellung gegeben. Vor 1820 bestand die weiße Bevölkerung in Südafrika fast nur aus Holländern; die höchsten Beamten, einige Kaufleute, Farmer und Missionare bildeten eine Ausnahme. Den ersten Massenzuzug von britischen Elementen hatte die Kolonie eben durch jene Siedlung um 1820 erhalten. Nehmen wir hinzu, daß aus deren Siedlungsgebiet in den 30 er Jahren viele holländische Farmer nordwärts „treckten", so ist damit gegeben, daß die „Eastern Province" der englische Teil Südafrikas geworden ist. Wie im Westen die deutschen Gemeinden sich zwischen Holländern zu behaupten haben, so ist den deutschen Siedlungen im Osten durch die Berührung mit der Nachbarsiedlung die Aufgabe gestellt, sich in überwiegend englischem Sprachgebiet zu erhalten.

Die Hauptzüge der Geschichte jener britischen Siedlung sind folgende.

Nach Beendigung der Kriege mit Napoleon lag ein wirtschaftlicher Druck auf England. Das Brot hatte Hungersnotpreise; Arbeit und Handel lagen darnieder. Um eine Anzahl brotloser Familien zu versorgen, schlug der damalige Staatssekretär Earl Bathurst ihre Ansiedlung in Südafrika vor, und der Gouverneur Lord Somerset empfahl zur Besiedlung das Zuurveld — „ein Land, nach Schönheit und Fruchtbarkeit ohnegleichen auf der Welt" —, um durch diese Sied=

---

[1] Sprigg, Ayliff, Hardwick, Conellan, Davies, Ranger, Roach, Bell, Birt, Gray, Butler, Bowles, Bisset, Banks, Page, Daniels, Clagg, McGrath, Wilson, Nel, Horn, Damant, Webb, Walker, Snyman, Miller, King, Crog, Hartmann, Hart, Pankhurst, Coulter, Cumming, Dick, Dredge, Edwards, Field, Flanagan, Hartley, Hall, Holl, Keen, Lewis, Kettles, Norton, Nelson, Mulligan, Clayton, Penny, Manley, Blakeway, Poole, Brown, Smith, Gaylard, Richardson, Pullen, Stratford, Sansom, Sheard, Hurns, Thompson, Scott, Steward, Tudhope, McCaskell, Wainwright, Wells, Turner, Wiggell, White.

lung zugleich dem Grenzland einen Schutz gegen die räuberischen Kaffern zu geben. Der Landrost von Uitenhagen rief den durchziehenden Soldaten nach: „Wenn ihr zum Pflügen geht, laßt eure Flinte nicht zu Hause."

Es wurden vom Parlament 50 000 £ für die Kosten der Ansiedlung bewilligt. 90 000 Personen waren auf die Aufrufe hin bereit, in das Land mit den goldenen Bergen zu ziehen.

Die Siedler sollten in Partien von 10, 20, 50 oder 100 Familien ausziehen. Jede Partie stand unter einem Führer, mit dem allein die Behörde verhandelte. Manchmal war es wirklich ein Herr, der sich mit seinen Knechten zur Auswanderung meldete; bisweilen bildeten die Familien unter sich erst die Vereinigung, um der Bedingung zu entsprechen. Wo 100 Familien sich zusammenschlossen, da konnten sie einen Geistlichen wählen, und im Fall seiner Bestätigung übernahm die Regierung einen jährlichen Zuschuß zu seinem Gehalt. So wählte eine wesleyanische Partie den Reverend Will. Shaw, von dessen Wirken wir noch hören werden.

Überfahrt und Beköstigung bis zum Landungshafen wurden frei gewährt. 100 Acker Land wurden bestimmt für jeden männlichen Siedler über 18 Jahre. Nach drei Jahren sollten an den Partieführer „Titles" für so viel 100 Acker Land ausgegeben werden, als Männer in seinem „Settlement" geblieben waren. Zehn Jahre war das Land abgabenfrei; dann sollte Quitrente nicht über 2 £ auf 100 Acker erhoben werden. Jeder Partieführer hatte bei der Regierung zu hinterlegen 10 £ für eine Familie mit zwei Kindern, 5 £ für jedes weitere Kind zwischen 15 und 18 Jahren, 5 £ für zwei Kinder unter 14 Jahren. Davon wurde ein Drittel bei der Landung, ein Drittel bei Besetzung des Grundes, ein Drittel drei Monate später zurückbezahlt. Die Kosten für Geräte und Rationen wurden zum Selbstkostenpreis davon abgezogen.

Im April bis Juni 1820 wurden am Strande der Algoa Bay (heute Port Elizabeth) 1020 Männer, 607 Frauen, 1032 Kinder gelandet; die Gesamtzahl der Siedler war etwas größer. Es stand dort damals das Fort Frederick mit kaum $1/2$ Dutzend Häusern; eine Partie, meist Fischersleute, blieb gleich da und gründete eine Station.

Nicht lange waren die Siedler im gelobten Lande, da brachen die Enttäuschungen herein. Das Land war nicht alles Ackerland; der Ackerbau war nicht so wie in der Heimat; zudem verstanden viele überhaupt nichts von Landwirtschaft. Die Transportkosten von der Küste bis zum Bestimmungsplatze mußten erlassen werden. Die Handwerker waren kaum durch Paßzwang in ihren Siedlungsdörfern festzuhalten. Bis Ende September 1821 wurden volle Rationen, dann bis Ende des Jahres halbe Rationen ausgeteilt. Gleich die erste Ernte verdarb durch Rost und Dürre. (Man hört hier bisweilen die Behauptung, es habe früher keinen Rost in Afrika gegeben!) Die Kaffern freuten sich der günstigen Gelegenheit zum Viehstehlen. 1823 zerstörte eine große Flut alle Arbeit. 1825 war die Not so groß, daß Schulden erlassen werden mußten. —

Bei Gelegenheit eines Besuches wählte der Gouverneur Donkin am Kowiefluß einen Ort zum Magistratssitz und nannte ihn Bathurst zu Ehren des Kolonialsekretärs. 1821 wurde aus dem Zuurveld ein besonderer Distrikt gebildet und Albany genannt. 1822 wurde der Magistratssitz nach Grahamstown verlegt, das damit die Rolle der Hauptstadt in der neuen Siedlung übernahm. Über dem Landungsplatz an der Algoa=Bay wurde ein Monument für die verstorbene Gattin des Gouverneurs errichtet und die Siedlung dort trug von da an ihren Namen, Port Elizabeth.

Nach den schweren Anfangsjahren erstarkten die Siedlungen allmählich und erfreuten sich besserer Tage. Grahamstown zählte 1834 bereits 3700 Einwohner in 600 Häusern (ohne die Soldaten), Port Elizabeth um dieselbe Zeit 1200 Einwohner. Die Distrikte fühlten sich so stark, daß um diese Zeit zuerst der — letzthin wieder viel besprochene — Gedanke an eine Trennung vom Westen unter eigener Regierung aufkam. Und mit dem Vordringen der englischen Herrschaft konnten, wie wir erwähnten, jene Siedlungen Familien zur kulturellen Erschließung neuer Landesteile abgeben. —

Anfänge der Mission. In die Friedenszeit nach dem 5. Kafferkrieg fallen die bleibenden Anfänge der Missionsarbeit unter den Kaffern. Zwar hatte schon 1799 ein Missionar der Londoner Missionsgesellschaft, van der Kemp, einen ersten Versuch gemacht, der Mission unter Gqikas Leuten Eingang zu verschaffen; Reverend Williams 1816 einen zweiten, in der Nähe des heutigen Fort Beaufort eine Station zu gründen; seßhaft wurde die Mission erst nach 1820. Von größter Wichtigkeit wurde die Gründung einer Missionsstation auf Tschaschus Kraal am Buffalo durch Reverend Brownlee von der Londoner Missionsgesellschaft im Januar 1826 (dieses Datum gibt das Souvenir der Congregational Church).

Brownlee († 1871) hat es erleben dürfen, daß seine Station zur Hauptstadt Kaffrarias, King Williams Town, sich entwickelte. Von andern Stationen derselben Gesellschaft nennen wir Knappshope an der Keiskama (1833 durch Missionar Kaiser gegründet und seinem Lehrer Professor Knapp in Halle zu Ehren genannt) und aus späterer Zeit Peelton (1848 durch Missionar Birt gegründet und nach dem englischen Premierminister genannt, — in späteren Jahren durch Schulen berühmt und heute als ansehnliches Kafferdorf an der Bahnstrecke East London-Stutterheim bekannt). Von Stationen der schottischen Gesellschaften nennen wir Burnshill (1830 gegründet, auf dem Wege von Middledrift nach Keiskamahoek), Pirie (1830 gegründet, am Fuße der Ausläufer der Amatoleberge, die danach Piriebusch heißen) und Lovedale (Altlovedale 1824 am Flüßchen Ncera; 1835 am Zusammenfluß von Gaga und Thumie wieder aufgebaut; berühmt durch Unterrichtsanstalten, Handwerkerschulen und Verlagsdruckerei). Die Namen dieser älteren schottischen Stationen verewigen das Andenken von Gründern der Missionsgesellschaft, Dr. Love, Reverend Burns und Reverend Pirie. — Von deutschen Missionsanstalten ist für die älteste Zeit die Mission der Brüdergemeinde zu nennen; ihre Stationen, 1828 Siloh und etwas später Gosen, sind als Zufluchtsorte in den späteren Kafferkriegen öfter aufgesucht worden. — Besondere Bedeutung für die Entwicklung des Kafferlandes bis Natal hinauf sollte die Arbeit der Wesleyaner erhalten. Reverend Shaw, dessen Namen wir oben als einen der Geistlichen der 1820er Siedler nannten, wollte eine „Kette von Missionsstationen von Albany bis Natal" anlegen. In Verfolg dieses Programms entstanden Wesleyville 1824, Mount Coke 1825, Butterworth 1827, Clarkebury 1830, Buntingville 1830, und später Shawsbury und Palmerton. Die Namen dieser Stationen (ausgewählt nach leitenden Männern der Missionsgesellschaft) bilden für heute zugleich eine Reihe von Städten, die sich durch die Transkei und Pondoland hinzieht; eine Ausnahme bilden die beiden erstgenannten Schwesterstationen in den Distrikten Britisch-Kaffrarias, bei denen es zu keiner Dorfbildung gekommen ist. Mount Coke, auf hoher Warte wie ein Luginsland gelegen, hatte früher durch seine Druckereien, die die erste Kafferbibel verlegten, große Bedeutung.

Wir haben die Missionsstationen aus jener Zeit vor der Eroberung und Besiedlung genannt, weil wir in ihnen neben einigen Kaufmannsläden die ältesten Niederlassungen von Weißen zu sehen haben. Es lag nahe, daß spätere Niederlassungen von Beamten, Soldaten oder Siedlern oft sich an Missionsstationen anlehnten, ähnlich wie bei manchen unserer deutschen Städtegründungen in früheren Jahrhunderten. Die Berichte der Missionare sind von Interesse für die Landesgeographie jener Tage. Sie kamen in ein noch ganz unbebautes Land, in dem noch Springbock, Hartebeast und Quagga zu Hause waren. Der Büffel fand noch seine Weide, und in den größeren Flüssen fanden sich noch Nilpferde. Durch das Dickicht des Fischflusses drang man auf Pfaden, die Elefanten ausgetreten hatten. Das letzte Flußpferd wurde während des Krieges 1851—1853 an der Buffalomündung geschossen. Ein Missionsbericht vom Jahre 1859 erzählt noch von Büffeljagden, und etwa im gleichen Jahre soll der letzte Löwe in jener Gegend geschossen sein.

2. Die Eroberung. Provinz „Queen Adelaide" und „British Caffraria".

VI. Kafferkrieg 1835.

Der große Kafferkrieg von 1835 brachte die erstmalige Eroberung des Landes zwischen Keiskama und Kei.

Die Feindseligkeiten an der Grenze hatten seit 1819 nie ganz aufgehört. Wir hörten schon, wie die Kaffern immerfort südlich in das abgetretene Gebiet wieder einzudringen versuchten; ihr Zurückdrängen führte zu manchem Scharmützel. Natürlich dauerte auch das Viehstehlen fort, und das war auch Anlaß, daß die Waffen nicht rosteten.

Die Politik der Regierung in der Behandlung der Kaffern war schwankend. Zwei Richtungen standen sich scharf gegenüber. Die Grenzfarmer verlangten unerbittliche Strenge, und die Landesregierung stellte sich, wenn schon manchmal mit Zögern, auch auf diesen realpolitischen Standpunkt. Eine andere Richtung wurde besonders durch den Superintendenten der Londoner Missionen, Dr. Philipp, vertreten, der mit Einsetzung seiner Person in Schrift und Wort für die Menschenrechte und die Freiheit der Eingeborenen eintrat. Indem diese Partei für die, wie sie meinten, gereizten und bedrängten Kaffern eintrat, wußte sie das Ohr der Heimat und der heimischen Regierung zu gewinnen, so daß die von England diktierte Politik der inländischen oft entgegenarbeitete.

Wir erwähnten z. B. die Ausgabe von Militärfarmen links vom Fischfluß; die heimische Regierung verbot daraufhin ein für allemal,

Regierungsland anders als auf dem Wege öffentlichen Verkaufes fortzugeben. 1828 wurde den Kaffern erlaubt, mit Paß in die Kolonie zu kommen, um Arbeit zu suchen; 1829 wurde diese Erlaubnis wieder zurückgezogen. Auch das von Lord Somerset eingeführte System, Ersatz für gestohlenes Vieh zu schaffen, erfuhr mancherlei Abänderung und nahm dabei immer mildere Formen an; Gouverneur D'Urban (1834—1838) erhielt bei seiner Ausreise die direkte Weisung, die Verkehrsformen mit den Kaffern zu ändern und eine versöhnliche Politik einzuleiten. — Alle solche Unbeständigkeiten wurden als Schwäche aufgefaßt und weckten die Kriegslust.

Die alten Kafferfürsten waren dahin; Ndlambe und Gqika starben Ende der zwanziger Jahre. Unter ihren Nachfolgern nahm Maqoma eine tonangebende Stelle ein, der in den Streitigkeiten um die neutrale Zone, die wir erwähnten, ein geschworener Feind der Engländer geworden war.

Im Dezember 1834 bricht der Krieg los. Die unvorbereiteten Distrikte der Weißen werden überfallen, und in zwölf Tagen ist die ganze Gegend bis Uitenhagen verwüstet. 10 000 Kaffern sollen verheerend über den Fischfluß vorgedrungen sein; 50 Farmer wurden erschlagen und 450 Farmhäuser niedergebrannt. Die Truppen werden auf die Linie Fischfluß=Katzenfluß zurückgezogen; die Besatzung von Kat River=Post in ein Fort gelegt, das Fort Adelaide genannt wurde. Oberstleutnant Harry Smith, der der erste militärische Beamte unter dem Gouverneur war, übernahm den Oberbefehl und war nach einem Parforceritt von Kapstadt in sechs Tagen zur Stelle. — Nicht alle Stämme rebellierten. Die Qonukwebe (Pato, Kama) bleiben neutral, aus alter Eifersucht gegen die Gqikas, so daß die Station Wesleyville Missionaren und Händlern aus Kafferland Zuflucht bieten konnte. Die Ntinde unter Tshashu sind wohl friedlich, aber inmitten ihrer stärkeren Nachbarn zu schwach; Reverend Brownlee muß bei Nacht vom Buffalo nach Wesleyville fliehen. Burnshill, die schottische Station, wo Gqikas Witwe Sutu für ihren minderjährigen Sohn Sandile regierte, bot den Weißen eine vorläufige Sicherheit.

Anfänglich drehte sich der Krieg um die Sicherung der Grenzen und der Forts. Im April 1835 rückte das englische Heer bis tief in das Kafferland über den Kei vor. Als man bei Butterworth auf Hintsas Friedenserklärung wartete, erschienen bei Harry Smith Kapitäne der Fingoes, um sich unter englischen Schutz zu stellen. Das waren Reste eines Zulustammes, die früher unter den Drakensbergen bei der heutigen Berliner Station Emmaus gewohnt hatten. Von Tschaka, dem großen Eroberer und gewaltigen Häuptling der nördlicheren Zulus, bedrängt, suchten sie sich auf die südlich wohnenden Kafferstämme zu werfen. Doch das gelang nicht, und ein großer Teil von ihnen geriet dabei 1828 in Knechtschaft bei den Galekas; sie mußten als „Hunde" das Vieh der Kaffern hüten und wurden als „Bettler" verachtet. Daher erhielten sie den Namen „Fingo". Jetzt sahen sie einen Weg, die Freiheit wieder zu erlangen. — Hintsas Doppelspiel führte zu seinem Tode. Sein Sohn Kreli oder Sarili machte Frieden mit England. Dem abziehenden englischen Heere schlossen sich die Missionare der Transkei und Tausende von befreiten Fingoes an, denen spätere Nachzüge folgten. Am 10. Mai 1835 verkündete Harry Smith die Annektion des Landes bis zum Kei und nannte die neue britische Provinz „Queen Adelaide".

Provinz „Queen Adelaide".

In der neuen Provinz wurde sofort eine Anzahl von Forts zur Sicherheit gebaut. Mehrere von ihren Namen sind noch heute als geographische Bezeichnung lebendig. Es waren dies große viereckige Höfe, von massiven mit Schießscharten versehenen Mauern umgeben, die so hoch waren, daß sie nicht überstiegen werden konnten. In diesen Höfen befanden sich massive einstöckige Bauten zur Unterbringung einiger Offiziere, 50—100 Soldaten und einiger Pferde. Sie genügten zur Verteidigung gegen die Eingeborenen, die noch gar keine oder doch nur minderwertige Feuerwaffen führten. Meist war man auch auf Anlage einer Wasserleitung bedacht. Bei Brownlees Missionsstation am Buffalo wurden Fort Hill — nach Captain Hill genannt — und Fort Hardinge — gleichfalls Name eines Offiziers — erbaut. Dieser Ort sollte dadurch seine besondere Bedeutung erhalten, daß der Gouverneur ihn als Sitz des militärischen Kommandos und damit als Hauptstadt der neuen Provinz bestimmt hatte. Am 23. Mai 1835 hatte eine Abteilung Brownlees Station erreicht, wo sie begannen, sich Hütten zu bauen. Am 24. Mai 1835 wurde für die geplante Hauptstadt der Name „King Williams Town" gegeben (die Namen „Brownlees Station" und „Fort Hill" sind als Vorortsbezeichnungen erhalten geblieben). — Ferner am Buffalo: Fort Beresford (nach einem Adjutanten des Gouverneurs) an der Quelle, und Fort Murray bei der Station Mount Coke (nach einem Obersten der 72er Hochländer). Zwischen Buffalo und Kei: Fort Wellington an der Quelle des Gonubie, Fort

Waterloo, drei Meilen vom heutigen Macleantown entfernt (nach der Schlacht gegen Napoleon und dem englischen Feldherrn Wellington, der in dieser Schlacht siegte), und Fort Warden, sechs Meilen von dem Kei (nach einem Kapitän der C. M. R.). An der oberen Keiskama: Fort Cox bei Burnshill (Cox war Rittmeister der Invasionstruppe); in der Debe-Ebene Fort White (nach einem Farmer White, der als Leutnant an der Bashee im Feldzuge gegen Hintsa gefallen war); im alten Gebiete Fort Montgomery Williams und bei der Station Lovedale Fort Tompson; zum Schutz der neuen Fingo-Lokationen Fort Peddie, genannt nach einem Oberstleutnant der 72er.

Die Absicht des Gouverneurs war, die rebellischen Stämme über den Kei abzuschieben. Dadurch verzögerte sich ihre Unterwerfung, und der Kleinkrieg dauerte noch fort. Am Piriebusch heißt noch heute ein Ort Bailies Grave, wo ein junger Kolonist, Leutnant Bailie, am 25. Juni überfallen wurde. Schließlich mußte der Gouverneur auf diese Radikalkur verzichten; er ließ den kriegerischen Häuptlingen nahelegen, die englische Herrschaft anzuerkennen und um Frieden zu bitten. Das Land wurde aufgeteilt; zwischen Fischfluß und Keiskama wurden den Donukwebe (die heutigen Namen Patos Busch und Fort Pato erinnern an ihren Häuptling Pato!), Hottentotten und Fingoes (Distrikt Peddie) Wohnsitze zugewiesen, und der Rest dieses Landstriches für weiße Bevölkerung offengelassen. Das Land zwischen Keiskama und Kei verblieb den eigentlichen Kafferstämmen; nur den Strich zwischen Buffalo und Nxachoon, also das Gebiet, in dem später die Deutschen angesiedelt sind, reservierte der Gouverneur schon damals für weiße Ansiedlungen, um freien Verkehr zwischen der neuen Hauptstadt und der See zu haben.

Nach dem Frieden nahmen die Missionare ihre Arbeit auf den alten Stationen wieder auf; die Wesleyaner nahmen die Arbeit unter den Fingoes hinzu. In King Williams Town übernahm Kolonel Smith die militärische Regierung der neuen Provinz; in Fort Cox, Fort Murray, Fort Waterloo und Fort Peddie wurden politische Agenten mit Rechten von Magistraten, unseren Landräten entsprechend, eingesetzt.

Die englische Herrschaft war damals aber nur von kurzer Dauer. Wohl hatte das Vorgehen des Gouverneurs die Billigung der Kolonie gefunden, aber jene Partei, zu der der oben erwähnte Dr. Philipp gehörte, arbeitete gegen seine Erfolge. Dr. Philipp reiste mit Jan

Tshashu, dem Sohne des Häuptlings Tshashu, und einem Hottentotten Andries Stoffels nach England, die Stimmung des Mutterlandes zu beeinflussen. Lord Glenelg, 1835—1839 Kolonialsekretär, war Anhänger der philanthropischen Partei. Er schickte Stockenstrom als Leutnant-Gouverneur für die östliche Provinz. Harry Smith ging und übergab ihm die weitere Regelung der Dinge im Kafferland. — Stockenstrom versammelte die Häuptlinge um sich; auf deren Drängen wurden die meisten Forts im Kafferland wieder verlassen, und die Besatzungslinie auf den Strich Fisch River—Kat River zurückgezogen.

Widerrufung der britischen Besitzergreifung. Am 5. Dezember 1835 wurde feierlich die britische Besitzergreifung widerrufen und die Grenze von 1819 wieder hergestellt. Die Agenten blieben, aber nicht mit Magistratsgewalt, sondern mit Konsularbefugnis. Kolonisten und Kaffern durften von beiden Seiten die Grenze nicht ohne Erlaubnis überschreiten und beiden Parteien war die militärische Besetzung ihrer Grenzseite gestattet.

Lord Glenelg, Stockenstrom und Dr. Philipp haben sicher von den edelsten Beweggründen sich leiten lassen, als sie für die Gleichberechtigung der Kafferstämme und die Rückgabe der ihnen genommenen Freiheit eintraten. Aber schon die nächste Folgezeit gab ihnen Unrecht. Viele holländische Farmer verließen die Grenzdistrikte. Die Viehhirten mußten bewaffnet werden. Mord und Totschlag kommt deshalb zum Viehstehlen hinzu. — Stockenstrom tritt 1839 zurück, sein Nachfolger wird Kolonel Hare. 1840 erlaubt ein neuer Vertrag den britischen Untertanen wieder, ins Kafferland zu gehen, freilich unbewaffnet, um gestohlenem Vieh nachzuspüren. 1843 wird schon wieder eine Strafexpedition gegen einen kleineren Stamm unternommen. Der Gouverneur Sir Peregrine Maitland (1844—1847) gewann wieder freiere Hand, da der neue Kolonialsekretär Lord Stanley wieder energischere Töne redet als sein Vorgänger. Er läßt zwischen Keiskama und Fischfluß wieder eine militärische Besatzung in Victoria-Post einrücken. Als Sandile, der inzwischen Mann geworden war und das Erbe seines Vaters Gqika angetreten hatte, einmal Mörder ausliefern sollte und sein Unvermögen dazu erklärte, nötigte er ihm die Zustimmung ab, für die Soldaten am Victoria-Post an der Blockdrift (heute Alice) ein regelrechtes Fort anzulegen. Sandile zieht die Erlaubnis dazu willkürlich zurück und seine Leute belästigen die Bauleute an der Blockdrift. Manche andere Gewalttaten zeigten an, daß ein neuer Krieg kommen mußte.

Einer dieser traurigen Vorfälle betraf deutsche Missionare. Die

Missionare Güldenpfennig, Meyfarth, Scholz und Kropf waren von Deutschland im Jahre 1845 ausgesandt. Von Port Elizabeth machten sie die Weiterreise ins Kafferland mit Ochsenwagen, und waren am 28. November bis in die Nähe von Fort Peddie gekommen. In der Nacht wurden sie durch Gebell der Hunde geweckt, Scholz und Kropf sahen zum Wagenzelt heraus, weil sie meinen, ein Raubtier sei herangeschlichen. In demselben Augenblick wurde Scholz durch einen Assegai verwundet; Kaffern hatten die Wagen überfallen. Scholz, so nahe am Ziele, wo er seinen Missionsberuf beginnen wollte, erlag seiner Wunde, noch ehe man ihn nach Fort Peddie hatte bringen können. Er wurde in der wesleyanischen Missionsstation Peddie zur letzten Ruhe bestattet.

Ein anderer dieser Übergriffe führte zum Kriege, die gewaltsame Befreiung des Kaffers Kleintje, der in Fort Beaufort ein Beil gestohlen hatte (daher „Beilkrieg") und zur Aburteilung nach Grahamstown überführt werden sollte. Als die Auslieferung der Wegelagerer verweigert wurde, unternahm man eine Strafexpedition, und diese wurde mit der Plünderung der Missionen und Handelsplätze beantwortet. Der Krieg war im Gange.

VII. Kafferkrieg (Beilkrieg) 1846.

Das Blockdrift-Fort, dessen Befestigungen schleunigst vollendet wurden, und das die Truppen von Victoria-Post aufnahm, war der einzige feste Punkt. Alle übrigen Plätze von Weißen waren verlassen oder zerstört. Mehrere Schlappen zu Anfang — Überfall einer Wagenkolonne bei Burnshill, einer anderen bei Trompeters Drift, Belagerung von Peddie — dienten dazu, den Aufstand allgemein zu machen. Allmählich rückten die englischen Truppen vor und besetzten die alten Forts wieder. Bei früheren Gelegenheiten hatte man in der Waterloo-Bai nördlich des Fischflusses Truppen gelandet, dieses Mal brachte man sie gleich bis zur Buffalomündung und erbaute hier zur Sicherung der Landungsstelle das Fort Glamorgan (die heutige Convict-Station am rechten Ufer des Buffalo; „Glamorgan" ist eine Landschaft am Bristol-Kanal in England).

Es war etwas vor oder nach 1840 gewesen, als John Rex mit seinem Schoner „Knysna" als erster sich in den Buffalo-Hafen hineinwagte, wahrscheinlich um dem Handel mit den Eingeborenen einen neuen Weg zu suchen. Am (rechten?) Ufer des Buffalo soll er damals einen Gedenkstein an diese erste Einfahrt errichtet haben, mit der Aufschrift: „John Rex, his stone." Jetzt im Kriege erinnerte man sich an diese von Rex erprobte Möglichkeit und landete hier Truppen. Fast

London ist also in erster Zeit ein militärischer Hafen gewesen und es auch bis zum Anfang der 70er Jahre geblieben.

Provinz „British Caffraria". Von den sicheren Forts aus wurde der Aufstand bald niedergeworfen. Sandile und Pato streckten die Waffen. Da kam ein neuer Gouverneur, Sir Harry Smith (1847—1852), derselbe Mann, der 1835 schon einmal das Land für die britische Krone erobert hatte. Damals war es ein wehmütiges Scheiden gewesen; um so stolzer war das Gefühl, das ihn beseelte, als er nun alsbald nach seiner Ernennung zum Gouverneur die wieder besiegten Häuptlinge in King Williams Town zusammenrufen konnte (am 23. Dezember 1847), um die von Lord Glenelg widerrufene englische Herrschaft von neuem aufrichten zu können. Sie hatten zu wählen zwischen zwei Stäben, die er ihnen vorhielt, dem Stab „Krieg" und „Frieden". Sie wählten den „Frieden", und der Stab „Krieg" wurde zerbrochen vor ihren Augen. — Das Land zwischen Keiskama und Kei wird zur Provinz „British Caffraria" erklärt.

Eine Proklamation vom 17. Dezember hatte die Linie von der Keiskama bis zum Oranjefluß als Grenze der Kapkolonie erklärt; zwischen Fischfluß und Keiskama wurden die Distrikte Victoria-East und — im März 1848 — Peddie gebildet. Die Hauptstadt von Victoria-East nannte er Alice, „zweifellos nach seiner geliebten Schwester", wie es in der Lebensbeschreibung von Smith heißt. Nach Theal (History of South Afrika. In 5 volumes. London, Sonnenschein & Co.) wurden während des Krieges schon 100 Kaffern als Polizeitruppe beim Blockdrift-Fort angesiedelt unter Leutnant Davies, und diese Siedlung nach der zweiten Tochter der Königin „Alice" genannt.

Kommandant und Chief Commissioner von Britisch-Kaffraria wurde George Mac Innon, seine Residenz King Williams Town. Seine „Assistant Commissioners" waren für die Oonukwebe (Pato) Kapitän Maclean in dem neuen Fort Wellington (das alte an der Gonubie war eingegangen) bei Wesleyville an der Chalumna; — für die Gqikas (Sandile) Ch. Brownlee in Fort Cox; — für die Ndlambe (Umhala) Will. Fynn in Fort Waterloo. Ein Gebiet von zwei Meilen um jedes Fort und jede Missionsstation muß von den Eingeborenen freigelassen werden. Für den neuen Hafen wird am 28. Dezember 1847 der Dorfname East London proklamiert (bis dahin hieß der Hafen wohl „Port Rex" oder „Buffalo Mouth"); das zwei-Meilen-Weichbild dieses Dorfes wurde der Kapkolonie einverleibt.

Die Proklamation, welche Britisch-Kaffraria annektierte, enthielt zugleich eine genaue Einteilung des Landes in Distrikte, um Streitigkeiten der Eingeborenen über die ihnen zugewiesenen Gegenden vorzubeugen. Auf alten Karten finden sich die Namen: Bedfordshire, Middlesex, Cambridgeshire, Lincolnshire, Yorkshire, Sussex und Northumberland, und in diesen Distrikten entsprechende stolze Städtenamen für die Residenzen der Kafferhäuptlinge. Diese ganze Einteilung, die allzusehr das Gepräge einer Verfügung vom grünen Tisch trug, hat vor der Wirklichkeit nicht standgehalten, sie hat sich nicht eingebürgert und ist schon bald wieder verschwunden.

Eine große theatralische Szene schloß die Eroberung Kaffrarias ab. Am 7. Januar 1848 hatte Sir Harry Smith die Kafferhäuptlinge in King Williams Town zusammengerufen. Er las ihnen die Verpflichtungen vor, die sie als englische Untertanen zu erfüllen hätten. Um ihnen zu zeigen, wie es den Treubrüchigen gehen würde, ließ er einen Wagen mit Pulver vor ihren Augen in die Luft sprengen. Und als sie sich von diesem Schrecken kaum erholt hatten, zerriß er vor ihnen ein Stück Papier und während die Fetzen im Winde davonflatterten, rief er: „Da fliegen die Verträge!"

Kaffraria war annektiert, aber die Macht und der Widerstand der Kaffern noch nicht gebrochen. Noch mancher Weiße hat sein Leben lassen müssen, ehe das Kafferland ein sicherer Besitz wurde. Der Haß gegen die Weißen, die sie des Landes und der Freiheit beraubt hatten, glühte weiter. Das Auftreten von falschen Propheten ist ein Beweis dafür, welche fieberische Erregung er in den Kaffern immer wieder erregte. Im Winter 1850 trat Umlanjeni auf und beunruhigte die Gemüter mit den törichtsten Prophezeiungen. Die Farmer merkten, wo es hinaus wollte. Aber die Regierung ließ sich durch das Bewußtsein täuschen, eben erst einen Aufstand niedergeworfen zu haben. Sir Harry Smith setzte Sandile ab, und damit glaubte man die Ordnung wiederhergestellt zu haben. Plötzlich, wie immer, war ein neuer Krieg da (8. Krieg, Dezember 1850 bis März 1853). Am 24. Dezember 1850 zogen 700 Mann unter Oberst Mac Innon von Fort Cox in die Berge hinein; die Infanterie mit ungeladenem Gewehr, so sicher war man des Friedens. Im Boomah-Paß bei Keiskamahoek wurde die Truppe plötzlich aus dem Dickicht überfallen; 23 Soldaten fielen. Zu gleicher Zeit wurde bei Debenek eine Patrouille von 15 Mann überfallen und grausam getötet. Harry Smith, in Fort Cox eingeschlossen, rettete

VIII. Kafferkrieg 1850—53.

sich mit Lebensgefahr durch die Feinde nach King Williams Town. Woburn, Juanasburg und Auckland, die Harry Smith als militärische Siedlungen nach dem letzten Kriege hatte anlegen lassen, wurden geplündert und verbrannt. Ein schrecklicher Krieg war im Gange. Es folgte der übliche Einfall in die östlichen Distrikte der Kolonie. Nicht alle Kaffern beteiligten sich. Die Küstenstriche blieben friedlich. Die schwarzen Christen von den Missionsstationen (z. B. von Bethel, Peelton, Perie) flüchteten nach King und erwarteten dort mit ihren Missionaren das Ende des Krieges. Die Galeka von jenseits des Kei halfen, wie immer. Die Kafferpolizeitruppe, ja selbst die Hottentottenregimenter gingen zum Feinde über. Große Schlachten wurden nicht geschlagen; der Feind zog sich immer wieder in die Amatoleberge zurück. Ihm ist nicht beizukommen, schrieb ein Berliner Missionar; seine Berge sind unbezwingbare Festungen. Man mußte warten, bis genügend Truppen zusammengezogen waren, um systematisch die Berge abzusuchen. Weihnachten 1852 war ein allgemeiner Buß- und Bettag. Im Februar 1852 wurden auch die Farmer zum Vordringen in die Berge aufgeboten. Mitten in den Vorbereitungen zum entscheidenden Vordringen wurde Sir Harry Smith abberufen; der Krieg hatte der Regierung schon zu lange gedauert. Missionar Liefeld schreibt dazu: „Mit wahrhaft herzlichem Bedauern haben wir ihn scheiden sehen." George Cathcart (1852—54) übernahm als neuer Gouverneur den Oberbefehl. Er verstärkte die Truppe, indem er 750 weiße Polizisten für 5 sh 6 d Lösung den Tag anwerben ließ. Nun wurden wie in einem großen Kesseltreiben die Berge gesäubert, denn die Vertreibung der Gqikas aus ihren Schlupfwinkeln war die Vorbedingung des Friedens. Im März 1853 erfolgte die Waffenstreckung des müde gehetzten Wildes. Am Yellowwood-Fluß bei King Williams Town wurde das Ende des Krieges proklamiert, der die Engländer über 400 Soldatenleben und 2 000 000 £ gekostet hatte.

Fortdauernde Gärung. Selbstvernichtung der Kaffermacht.

Die Amatoleberge mußten von den Kaffern geräumt bleiben; Sandile erhielt das Land zwischen dem Amatole und dem Kei angewiesen. Sehnsüchtig schaute er von da nach seinen geliebten Bergen, und ihr Anblick entfachte alle Tage seinen Grimm aufs neue. Nur die umsichtigen, energischen Maßregeln des Gouverneurs, Sir George Grey (1854—61), haben in den nächsten Jahren einen neuen Aufstand verhütet. In Europa führten Frankreich und England Krieg gegen die Russen, um die Türkei gegen deren Übergriffe zu schützen (28. März

1854 Kriegserklärung an Rußland; 30. März 1856 dritter Pariser Friede; — sogenannter Krim-Krieg). Die Kunde von diesem Krieg hielt die Kaffern in fortwährender Unruhe. Sie waren sicher, daß die Ama-Russe kommen und ihnen helfen würden! Selbst die Fingoes, bisher immer die treuen Vasallen der Engländer, beginnen mit den Xosa an Aufruhr zu denken, da sie sich von den Weißen bedrückt glaubten. — 1856 schien der Krieg wieder sicher. Hinter dem Kei waren alle Anzeichen für einen Aufstand vorhanden; aber auch diesseits des Kei wurde auf Umhalas Gebiet eine Missionsstation überfallen und gar ein Missionar getötet.

Wieder traten falsche Propheten auf: ein Zauberer Umhlakaza und die Prophetin Nqause, die mit ihren Prophezeiungen ihre schwarzen Brüder aufreizten, alles Vieh zu schlachten und alles Korn zu vernichten, um damit einen großen Tag vorzubereiten, an dem die Sonne im Westen blutrot aufgehen und die verstorbenen Krieger und Volkshelden mitsamt dem Vieh auferstehen würden, die verhaßten Engländer zu verjagen. Das ganze Land stank von dem Aase, berichtet ein Missionar, und die Geier, wiewohl zahlreich, waren nicht imstande, alles zu verzehren. Ende Januar 1857 waren mehr als 400 000 Stück Vieh niedergestochen. Je näher der große Tag kam, desto mehr wurde den Leuten anbefohlen, alles bis auf eine letzte Kuh und eine letzte Ziege hinzugeben, Korngruben auszugraben, damit sie von den Geistern mit neuem Mais und Hirse gefüllt werden möchten. Am 18. Februar ging die Sonne auf, aber nicht anders als gewöhnlich. Bittere Enttäuschung stellte sich ein: die verheißene Freiheit kam nicht, die verheißenen Segnungen blieben aus. Es ist nicht sicher festgestellt, ob die Zauberer und die hinter ihnen stehenden Häuptlinge selbst an ihre betrügerischen Hoffnungen geglaubt haben, oder ob es ein tiefdurchdachter Plan war, das Volk zum äußersten zu reizen und die äußerste Not herbeizuführen, um einen Kampf der Verzweiflung gegen die Weißen heraufzubeschwören. Tatsächlich war diese Gefahr vorhanden. „Gegen 100 000 wild gewordene Kaffern fühlten das bittere Nagen des Hungers und das noch viel bitterere Weh der Enttäuschung. Getrieben von Verzweiflung, waren sie bereit, wie ein Rudel hungriger Wölfe zu stehlen und zu rauben. Plünderung, Verwirrung und Blutvergießen war an der Tagesordnung." (Kropf, Lügenpropheten des Kafferlandes; Berlin, Traktat der Berliner evangelischen Missionsgesellschaft.) Ein panischer Schrecken durchzog das Land. Da erscheinen

als Retter in der Not, überall sehnsüchtig erwartet, die für den Krim=
krieg angeworbenen deutschen Legionäre; überall möchte man sie
haben, zum Schutz von Leben und Besitz. Die so plötzlich verstärkte
militärische Besatzung statt der erwarteten Ama=Russe; die schreck=
lichste Hungersnot statt des erhofften neuen Reichtums; die große
Sterbe an Stelle des Wiedererstehens der alten Krieger, — das alles
ließ Macht und Mut der Kaffern dahinsinken. Die meisten Über=
lebenden verließen das Hungerland. Durch Tod und Abwanderung
sank die Zahl der Eingeborenen in jenen Distrikten plötzlich von
104 721 auf 37 329. In die von Menschen und Vieh entblößten Distrikte
Kaffrarias zogen die deutschen Kleinsiedler und die aus dem Eastern=
Distrikt gerufenen Farmer („Grantees") ein.

IX. Kaffer=
krieg 1877.
    Und nun das letzte Auflodern der Kriegesflamme! — Zwanzig
Jahre war Friede. Die Kaffernstämme hatten sich von den Folgen
ihrer verblendeten Selbstvernichtung erholt. Von Fingostämmen (die
in das Land früherer Knechtschaft über den Kei zurückgewandert waren)
kam der zündende Funke. Auf einem Hochzeitsfeste gabs Schlägerei,
und aus der Schlägerei wurden Überfälle der Galekas gegen die
Fingoes. Die Fingoes rufen Englands Hilfe an, und der Krieg mit
Sarili (Chrili) ist da. Am 26. September 1877 erfolgte der erste Zu=
sammenstoß der Engländer mit den Galekas. Sandile schickt heimliche
Boten zu seinen Nachbarn: „Ich bin bereit." Auch ihm wird der
Krieg erklärt. Das letzte große Ringen der Kaffern um ihre Freiheit
beginnt. Sandiles Ziel sind die Amatoleberge. Schneller als früher
waren Truppen zusammengezogen, dank der dichten Bevölkerung. Die
Söhne der Legionäre, Emigranten und Farmer unter Schermbruckers
Kommando führen dieses Mal in der Hauptsache den Krieg. Fünf
Monate hielt sich Sandile in den Bergen, die wieder Schritt um Schritt
gesäubert werden mußten. Die Fingoes, mit dem Buschkrieg als Ein=
geborene vertraut, werden den Kaffern verhängnisvoll. Eine Fingo=
patrouille war es, die Sandile mit dem kleinen Rest seiner Getreuen
erschoß. Sandiles Tod ist das Ende der freien Häuptlingschaft und
der Untergang der kaffrischen Stammesherrlichkeit. —

Unter=
werfung
der Länder
vom Kei bis
Natal.
    1879 wird ein Gesetz gegeben, nach welchem die Kafferstämme
dauernd entwaffnet werden sollten. Nur den Basutos in ihren Bergen
gelingt es, sich der Ausführung zu widersetzen. Ein Feldzug gegen
diesen Stamm, von dem die älteren deutschen Männer noch gern er=
zählen, wird resultatlos eingestellt. Die Kapkolonie läßt 1884 das

bereits annektierte Basutoland fahren und überläßt es dem Mutter=
lande als Kronkolonie. Aber sonst war das Auflehnen der Transkei=
stämme gegen das Entwaffnungsgesetz vergeblich. Sie versuchen es.
Selbst die Fingoes wollen aufstehen; aber über sie, die zuerst ent=
waffnet waren, fielen ihre Vettern zuerst her, um noch einmal Rache
an ihnen zu nehmen. 1879 wurde die Transkei annektiert (Butter=
worth, Jduthywa, Tsomo, Ngamakwe). 1880 wird der Aufstand der
Pondomise und Tembu unter Baron von Linsingen und Ronnie
Maclean (des früheren Leutnant=Gouverneurs Maclean Sohn) nieder=
geworfen; von Linsingen starb dabei am 14. November 1880 mit
seinem 16=jährigen Sohne den Heldentod, als er einen verwundeten
Soldaten vor den Assegaien der Kaffern retten wollte. Die Annexion
der Länder von dem Kei bis zur Natalgrenze schreitet langsam und
unaufhörlich fort, bis zuletzt 1894 das Pondoland der Kapkolonie an=
gegliedert wurde, als letztes Glied in der Kette der Eroberungen am
Gestade des Indischen Ozeans von Kapstadt bis Durban.

3. Friedensarbeit seit der Eroberung.

Wir haben den Rahmen der kriegerischen Ereignisse, die zur Unter=
werfung der Kaffern führten, auszufüllen mit dem Bericht dessen, was
in den Jahren 1848—65, von der Eroberung bis zur Einverleibung
in die größere Kapkolonie, an Kultur= und Friedensarbeiten im Lande
und für das Land geschah.

Wir beginnen mit der Arbeit der Mission. Da ist zunächst die
deutsche lutherische Berliner Mission zu erwähnen. Durch Missionar
Kaiser von Knappshope gerufen, und durch einen Spruch aus einem
Ziehkästlein bewogen, diesem Rufe zu folgen, war Missionar Döhne 1837
ins Kafferland gekommen. Die älteste Station, die er anlegte, war
Bethel, gegründet 1837. D. Kropf[1], gestorben 1910, amtierte dort als
Missionar seit 1845 und hat also als einer der ganz wenigen, die bis
in unsere Tage lebten, die ganze Geschichte Kaffrarias mit erlebt.
1838 wurde Jtemba an der großen Kubusi durch die Missionare
Schultheiß und Lange (die beide später aus dem Dienste der Berliner

*Missions=
arbeit.*

---

[1] Hauptmitarbeiter der kaffrischen Bibelübersetzung, Verfasser eines grund=
legenden kaffrisch=englischen Lexikons. Von ihm: „Das Volk der Xosa=Kaffern".
Berlin, Buchhandlung der Missionsgesellschaft, und die oben erwähnten Traktat=
schriften.

Mission austraten) angelegt. Diese Station sollte nach dem Kriege 1853 wieder aufgenommen werden, aber die englisch-bischöfliche Kirche nistete sich ein und legte ihre Station St. Johns dort an. 1843 folgte durch die Missionare Liefeldt und Posselt die Gründung von Emmaus. Posselt nahm, als er im Kriege 1848 nach Natal floh, den Namen Emmaus für seine neue Station unter den Drakensbergen mit, und so wurde durch Missionar Rein die alte Station 1855 unter dem Namen Wartburg neugegründet. Liefeldt gründete 1856 Petersberg in der Debe-Ebene; 1864 und 1868 sind in der dortigen Gegend noch Embizeni und Etembeni gegründet.

Die übrigen, vor der zweiten Eroberung vertretenen Missionsgesellschaften nahmen sowohl nach dem Kriege 1848 wie nach 1853 ihre Arbeit unverdrossen wieder auf. Wir erwähnten schon, daß von den meisten der alten Stationen Missionare wie Stationsbewohner während der Kriegsjahre 1851 und 1852 nach King Williams Town geflüchtet waren und dort des Endes der Kriegsunruhen warteten. Nach 1853 gründeten die Wesleyaner noch eine größere Station an der Middledrift (Keiskama), die später den Namen Annshaw erhielt; doch ist der Name Middledrift bis heute für jenen Bezirk geläufiger geblieben.

Nach dem Kriege 1848 trat die bischöfliche Kirche mit in die Reihe ein. 1848 war der erste Bischof der „Church of England" nach Grahamstown gekommen, Bischof Grey. Er begleitete Sir Harry Smith nach dem eroberten Kafferlande. Er legte in King Williams Town den Grundstein zur Trinity Church und ließ durch den Gouverneur ankündigen, daß er den Kaffern Lehrer senden werde. Daß schon eine Reihe anderer Gesellschaften vorangegangen war, schien der Vertreter der offiziellen Kirche nicht zu wissen. Erst nach dem Kriege 1853 begann die Arbeit der Anglikaner, und zwar zuerst in Umhalas Gebiet.

Die heutige Station St. Lukes wurde 1856 bei dem alten Fort Waterloo gegründet (bei Macleantown), und 1857 nach der anfänglichen Außenstation auf Newlands verlegt. Als Bischof Armstrong 1855 von Grahamstown aus in Kaffraria weilte, um Missionsplätze auszusuchen, befand sich in seiner Begleitung Pastor Lange, der für die Berliner Mission ausgesandt und inzwischen von dem Bischof ordiniert war. Er übernahm die Station Newlands und ist bei der Ankunft der Deutschen als Pastor unter ihnen, besonders in Potsdam, tätig gewesen. — Für die Gqikas (Sandile) wurde an Stelle der alten, zerstörten Berliner Station Jtemba, trotz des Protestes von Missionar Rein, St. Johns angelegt, das nie von großer Bedeutung gewesen ist und nach 1878 aufgegeben werden mußte. — Bei dem Fort Keiskamahoek (wo früher die Schotten eine Predigtstation hatten) wurde St. Matthews Ende der fünfziger Jahre gebaut, das durch seine Unterrichtsanstalten (— Industrieschulen, Seminar für Lehrer, Katecheten und auch Geistliche —) später bedeutend wurde. —

Militärische Besetzung.

Zur Sicherung des Friedens im Lande blieb die neue Provinz militärisch besetzt. Die Kafferpolizeitruppe hatte sich im Kriege unzuverlässig gezeigt. So trat man von diesem Versuch wieder zurück und besetzte das Land mit regulären Truppen, Kavallerie und Infanterie. Das Hauptquartier blieb King Williams Town. Daneben waren auch die anderen alten großen Forts während des Krieges 1846—47 wieder ausgebaut: Fort Murray, Hare, White, Wellington, Waterloo. Ruinen dieser Forts kann man noch heute finden, und bei einigen, z. B. Fort Murray, sind auch in den Trümmern die älteren und die jüngeren Anlagen von 1835 und 1847 zu unterscheiden. Fort Glamorgan war während des Krieges im April 1847 erbaut, und im Dezember 1847 von da Fort Grey als Außenposten. Durch den Krieg 1850—53 kamen noch eine Reihe von Forts hinzu. In der Verlängerung der Linie von Fort Glamorgan nach Fort Grey erstand 1851 Fort Pato. Besonders zahlreicher Befestigungen bedurfte es, um die Berge, die Sandile abgenommen waren, und die als Royal-Reserve den Kaffern nun vorenthalten bleiben sollten, militärisch zu sichern. Befestigte Plätze wurden angelegt, in deren Nähe man dann Städte und Dörfer erstehen lassen wollte, um die Wildnis der Berge der Kultur zu erschließen. —

So entstand Ende 1852 Keiskamahoek. Das war ein gelegentlicher Lagerplatz der Truppen gewesen. Nach Räumung der Berge erhielt Kolonel Eyre den Auftrag, daraus ein starkes Fort zu machen, das — inmitten der Berge gelegen — diese beherrschen sollte. Auf der Grenzlinie der Royal-Reserve von King Williams Town bis zur Brüdergemeinde-Station Siloh lag auf der Höhe des Kubusieberges Kubusie-Post (1878 als Fort Merriman wieder benutzt). Die Verbindung mit dem Hauptquartier wurde hergestellt durch Jzela-Post am Rande des Piriebusches (Jzela, ein kleiner Flußlauf; hier später Braunschweig), das vermutlich auch in dieser Zeit erst angelegt wurde. Zwischen den Bergen und Sandiles neuen Wohnsitzen sollte auch eine

Grenzfeste gebaut werden. Da lag die Berliner Station Bethel. Auf Wunsch der Missionare, die am liebsten mit der Nähe des Forts ganz verschont geblieben wären, wurde es doch wenigstens eine Meile von Bethel entfernt aufgebaut. Es erhielt den Namen Dohne=Post (nach dem Missionar Döhne). Später wurde Dohne=Post in Stutterheim umbenannt; der alte Name erhielt sich für die Wegezoll=Abgabestelle in der Nähe (Dohne Toll) und ist von da auf die Eisenbahnstation Dohne=Station übergegangen. Weiter landeinwärts wurde das Wind=vogelberg=Fort gebaut, an dessen Stelle 1875 das Städtchen Cathcart entstand. Die befestigte Linie endigte im Fort Thlden an der Schwarzen Kei.

An der Grenze von Umhalas Gebiet wurden 1856—57 mehrere befestigte Baracken (von Rasen und Lehm) zwischen Nyachoon und Buffalo gebaut. Daß in dieser Gegend erst verhältnismäßig spät militärische Besatzung einquartiert wurde, wird damit zusammenhängen, daß Umhala und Pato während des Krieges loyal waren und erst später verdächtig wurden. Von Fort Grey aus wurden die Militär=posten Amalinde und Blaney vorgeschoben; der Name Amalinde ist bereits Seite 7 erklärt; Blaney trägt seinen Namen nach Lord Blaney, einem Obersten der 89er. Fort Jackson, das zwischen beiden liegt, wird vermutlich in derselben Zeit aufgeworfen sein; es ist genannt nach Sir James Jackson, der von 1854—59 Vizegouverneur für den Eastern=Distrikt und Kommandeur der Truppen war. — Die Reihe der Befestigungen war nach und nach so geschlossen, daß die Soldaten in nicht allzu anstrengendem Marsche immer von einem zum andern kommen konnten. Durch die Reihen der Forts waren die Straßen von King nach East London nördlich und südlich des Buffalo, nach Peddie, nach Beaufort, nach Queenstown und nach dem Kei militärisch gesichert. Als mit zunehmender Besiedlung das Militär entbehrlich wurde, zog man es zurück. Alle die kleineren Posten vereinsamten schon alsbald nach Ankunft der Legion und der Deutschen. Mitte der 70er Jahre wurde, meines Wissens, Fort Brown als letztes der großen Forts geräumt.

Die Soldaten hatten zugleich die Post von Fort zu Fort zu befördern. Voran ein Reiter mit einem Packpferd am Zügel, das die Postsäcke trug, und ein zweiter Reitersmann mit der Peitsche dahinter, — so wurden damals die Briefe mit den dreieckigen Marken befördert;

und mancher von den deutschen Jungen, die ins Land kamen, schaute ihnen nach mit dem Wunsche, doch auch Postreiter werden zu können!

1854—61 leitete Sir George Grey als Gouverneur der Kapkolonie und als High Commissioner für Kaffraria die Geschicke von Britisch-Südafrika, ein Mann von ganz hervorragender staatsmännischer Begabung. Mit Umsicht und Energie wußte er in jenen kritischen Jahren neuen Kafferkriegen vorzubeugen, indem er kulturelle Bestrebungen aller Art anregte und förderte. Ein frommer Rittersmann, wie er war, unterstützte er die Missionare, wo er konnte, in ihrer Arbeit. Die Station Bethel erfreute sich seiner besonderen Gunst; auch sein Besiedlungssystem bewies ja später seine Anerkennung deutscher Tüchtigkeit; übrigens sprach er selbst auch die deutsche Sprache. Er bot Bethel Unterstützung zur Gründung einer Industrieschule für die Eingeborenen an; als es von den Missionaren dort dankend abgelehnt wurde, ging sein Angebot zu den Schotten; sie nahmen es an, und daher rührt die Bedeutung von Lovedale mit seinen blühenden Instituten. Nach den Erfahrungen, die er als Gouverneur von Neu-Seeland gemacht hatte, wollte er die Kaffern an Arbeit gewöhnen. Es wurden Bewässerungsanlagen ausgeführt (z. B. die Wasserleitung in Stutterheim), die Straßen ausgebaut (z. B. King—Grahamstown; King—Bethel—Queenstown) und die Hafenarbeiten an der Buffalomündung begonnen. Zur Bekämpfung des Aberglaubens ließ er ein großes Krankenhaus in King bauen, das Grey-Hospital, das als Kulturwerk die Macht der Zauberdoktoren brechen sollte. Für alle diese Bestrebungen reichten die Einkünfte des Landes nicht aus, wenn auch z. B. die Händler hohe Abgaben bezahlen mußten (nach 1848 50 £ p. a.); die geringen Hafeneinkünfte flossen zudem der Kapkolonie zu, da East London (wie erwähnt) nicht zu Kaffraria, sondern zur Kapkolonie geschlagen war. Das Mutterland gewährte 40 000 £ Jahresbeihilfe für Greys Friedenswerke; ein Geringes, wie Grey betonte, wenn er dadurch die Kosten neuer Kriege spare.

Kulturelle Bestrebungen.

Die Besiedlung der Provinz Britisch-Kaffraria mit Weißen ging nur langsam vonstatten. Harry Smith hatte nach 1848 die Militärsiedlungen Juanasburg (nach seiner Gattin, einer Spanierin), Auckland und Woburn in der Nähe von Alice und Fort Hare an der Thumie anlegen lassen. Wir hörten, daß diese Dörfer 1851 wieder völlig zerstört wurden.

Besiedlung mit Weißen

Im Kriege 1851—53 wurden Landstriche von Buschmann- und

Tembustämmen hinter den Kubusiebergen konfisziert und zu 400 Farmen aufgeteilt. Holländische und englische Farmer wurden mit Militärverpflichtung angesiedelt und ein neuer Distrikt der Kapkolonie daraus gebildet. 1854 ließ Cathcart inmitten dieser Siedlung die Kreisstadt Queenstown anlegen.

Die Besiedlung der Royal-Reserve, des Gebirgslandes, war schneller geplant, als ausgeführt. Man dachte daran, 1500 Schweizer kommen zu lassen, offenbar in der Meinung, daß sie die Weiden der Alpen mit denen der Amatoleberge zur Viehzucht vertauschten und dann statt Schweizerkäse Amatolekäse fabrizierten. Bei den Forts entstanden kleinere Siedlungen, unter dem Schutz des Militärs und auch wieder zu nutz der Truppen. Beim Fort Keiskamahoek entstand ein kleines Dorf. In Izela-Post und Dohne-Post scheint es sich nur um einzelne Familien gehandelt zu haben, die sich häuslich niederließen. Für die Hauptstadt King Williams Town plante Grey eine Vergrößerung, indem er es ausgedienten Soldaten des Mutterlandes zum Wohnsitz anpries; die sollten hier ihre Pension verzehren und ihren Kindern durch die Übersiedlung nach Afrika eine bessere Zukunft sicherstellen. So sicher rechnete er auf sie, daß er schon Häuser für sie bauen ließ. Aber sie kamen nicht, und in das „Pensioners Village" (Queenstreet, Cambridge Road) zogen verheiratete Soldaten (Offiziere usw.) ein. Auch als die Legion in dem Stadtteil German Village angesiedelt war, bot King Williams Town noch keinen großstädtischen Eindruck. Als die deutschen Emigranten kamen, bestand die eigentliche Stadt nur aus einzelnen Häusern; bei der Smith Street waren einzelne, richtig angelegte Straßen; der jetzige Marktplatz war mit Dornenbüschen bestanden und das Grey-Hospital stand in seiner Größe so einsam da, daß die deutschen Kinder meinten: „Da wird wohl der König wohnen."

Ein Legionsoffizier machte sich März 1857 folgende Notizen über King Williams Town: „Es ist am Flüßchen Buffalo gebaut und besteht aus zwei Teilen, aus New Town, in der die von der Regierung für die Pensionäre erbauten Cottages liegen. Zurzeit leben fast alle unsere verheirateten Offiziere darin. Im zweiten Teile, dem eigentlichen King Williams Town, sind drei kleine Kirchen, mehrere steinerne Baracken, ein fast vollendetes Hospital für Eingeborene und verschiedene, recht nett gebaute Häuser, ferner zwei kleine, aber sehr komfortable Gasthäuser (Suttons Hotel und Buffalo Hotel). In den

Straßen treiben sich viele Kaffern und Hunde umher, die einen Heidenlärm machen."

East London (auf dem rechten Buffalo-Ufer, heute „Westbank" genannt; auf dem linken Ufer entstand erst im Juni 1857 ein Ort, als den Legionären nach längerem Warten endlich ihr Land zugemessen wurde; letzter Ort hieß „Panmure", der Name East London wurde erst später auch auf das linke Ufer übertragen) war nach den Notizen desselben Herrn im Januar 1857 bereits „ein nicht unansehnlicher Ort". In einer oder zwei Straßen befanden sich massive Läden, in denen die Handelsartikel für die Kaffern, aber auch die nötigsten Bedürfnisse für die Weißen feilgehalten wurden; große Schuppen zur Aufbewahrung von Häuten, dem Haupthandelsartikel der Kaffern, und von Brandy, wie der Fusel genannt wurde, für den die schwarzen Männer und Frauen alles hergaben, was sie hatten, ehe dieser schmähliche Tauschhandel streng verboten wurde. Es gab dort ferner bereits einen Kirchensaal, ein Hotel, und ein Gefängnis für Eingeborene; ferner mehrere massive Wohnungen für die Beamten, die das Ein- und Ausschiffen sowie die öffentlichen Arbeiten beaufsichtigten. Uferbauten, speziell ein Wellenbrecher, waren im Entstehen. Zum Überwinden der Brandung durch die starken Landungsboote (surf-boats) waren starke Taue in der See am Ankerplatze der Schiffe fest verankert, so daß der Verkehr mit den Schiffen nur bei ganz schlechtem Wetter unterbrochen zu werden brauchte. Kleinere Fahrzeuge von geringem Tiefgange wurden schon — freilich nur bei hoher Flut und bei günstigen Winden — bis in den Buffalofluß gelootst.

Außer dem Orte und der später von der Legion erbauten Station boten beide Ufer des Buffalo das bekannte Bild Kaffrarias: Gras und Dornen (Mimosen) mit einigen darin verstreuten Kafferkraalen.

Vor Ankunft der Legion waren in Kaffraria 949 Europäer (außer den Soldaten), davon 626 in King, 267 auf den Militärposten und 56 auf Missionsstationen. Dazu kamen 124 in dem Hafengebiet East London.

Je größer die Gefahr neuer Kafferkriege ihm vor die Seele trat, desto ernstlicher war Sir George Grey darauf bedacht, den Frieden des Landes durch Besiedlung größerer Landstrecken mit Weißen zu sichern. Wie 1820 die englischen Siedlungen als ein Bollwerk gegen die Südgrenze des Kafferlandes angelegt wurden, wie nach dem Frieden von 1853 die Buntebockebene zur Sicherung des westlichen Hinterlandes der Amatoleberge zu Farmen aufgeteilt und gegen Verpflichtung zu nötigem Kriegsdienst ausgegeben waren, so sah Grey in der Vermehrung des weißen Elementes das Heilmittel auch für Britisch-Kaffraria. Es bot sich dem Gouverneur die britisch-deutsche Legion zur Ansiedlung, die in den ersten Monaten von 1857 ins Land kam. Der Legion folgten die deutschen Emigranten und die „Grantees" auf den in Kaffraria ausgelegten Farmen. Die Geschichte dieser deutschen Ansiedlungen wird Aufgabe der folgenden Abschnitte sein.

Wir wollen hier gleich hinzufügen, daß die Besiedlung in Verbindung mit dem Selbstvernichtungsprozeß der Kaffern den erhofften politischen Erfolg gehabt hat. Wohl haben die Stämme 1878 noch einmal versucht, sich der Herrschaft der Weißen zu erwehren. Aber es ist nicht wieder nötig gewesen, das Siedlungsgebiet der Weißen noch weiter nördlich, auch über den Kei, vorzuschieben. Die Gebiete zwischen dem Kei und Natal — Transkei, Griqualand, Pondoland — sind nach jener letzten Kriegsperiode eins nach dem andern annektiert, ohne daß ihr Besitz durch Eingliederung neuer Siedlungen von Weißen in größerem Umfange hätte gesichert werden müssen. Jene Gebiete konnten Eingebornen-Reservate bleiben; nördlich des Kei ist außerhalb der Städte nur die Trading-Station, die Schmiede und das Gasthaus in bestimmten Entfernungen voneinander zu finden, nicht aber der Siedler, der Farmer.

Verwaltung des Landes. Mit wachsender Bevölkerung mußte allmählich auch eine Entscheidung darüber kommen, was eigentlich mit Kaffraria werden sollte. Das war seit der Eroberung noch immer nicht entschieden. 1852 war Mackinnon als Chief Commissioner zurückgetreten. Maclean wurde sein Nachfolger, seine Residenz war Fort Murray. Ch. Brownlee residierte als Gqika-Commissioner jetzt in Dohne-Post, ein Freund der benachbarten Berliner Missionare. Solange nur wenige Europäer im Lande waren, genügte die 1848 eingerichtete Art der Verwaltung. Sandile und einige andere Häuptlinge hatten auch nach 1853 die Gerichtsbarkeit über ihre Stämme behalten; um dieses mit ihrer verlorenen Freiheit rechtlich zu vereinigen, wurden sie mit Sold als Regierungsbeamte für ihre Stämme angestellt. 1854 wurde die Buntebock-Fläche hinter den Amatolebergen der Kapkolonie einverleibt. Als der Zuschuß für Kaffraria 1858 plötzlich zurückgezogen wurde (so daß Grey selbst 6000 £ aus eigenen Mitteln für die laufenden Bedürfnisse vorschießen mußte), beantragte man die Einverleibung in die Kapkolonie. Das Parlament lehnte sie 1859 wegen der schlechten Finanzen Kaffrarias ab, überwies dafür aber East London mit den Hafeneinkünften. So mußte endlich eine eigene Verwaltung für die inzwischen besiedelte Kolonie Kaffraria geschaffen werden. Die Grenzen werden genau bestimmt und zwei Distrikte, King Williams Town und East London, gebildet. Maclean wird Leutnant-Gouverneur, und 1863 Graham sein Nachfolger. Die eigene Verwaltung dauerte nicht lange; 1865 wird Kaffraria in den Verband der Kapkolonie aufgenommen. Nach dem Kriege 1878, als der letzte Rest kaffrischer Häuptlingsherrschaft schwand, ist die Einteilung in Distrikte geschaffen, wie wir sie heute vor uns haben: East London, King Williams Town, Stutterheim und Komgha.

4. Die Englisch-Deutsche Legion.

Sir George Grey wollte Britisch-Kaffraria besiedeln, um das Land zu sichern, ohne daß eine größere militärische Besatzung dauernd dort unterhalten werden mußte. Land für weiße Siedler stand in hinreichender Menge zur Verfügung. Das Gebiet der Amatoleberge war den Eingeborenen nicht wieder gegeben, nachdem es in solch mühevollem Kleinkriege gesäubert war; es stand als Royal-Reserve der Regierung zur Verfügung. Der Landstrich zwischen dem Vorort King Williams Town und dem Hafen an der Buffalomündung (damals Fort Glamorgan, jetzt East London) war freigehalten worden, damit die Verbindung gesichert wäre. Zudem war die ganze Bodenfrage gegen früher verschoben: nach 1853 hatten die Kaffern, die alten Herren des Landes, von der Regierung bestimmte Plätze und Gegenden zugewiesen erhalten, wo ihre einzelnen Stämme zu wohnen hatten. Dadurch hatte die Regierung viel freieres Verfügungsrecht. Als Mitte der 50er Jahre einige kleinere Häuptlinge unruhig wurden, und Weiße an Leben und Eigentum in ihrem Gebiete geschädigt wurden, konnte kurzer Prozeß gemacht werden; der größere Teil ihres Landes wurde eingezogen und zur Aufteilung für Farmen bestimmt. Endlich war ja auch durch den Selbstvernichtungsprozeß der Eingebornen das Land so menschenarm geworden, daß es an nötigem Land für Besiedlungszwecke nicht fehlen konnte.

Verfügbares Land.

Die Provinz Kaffraria konnte ihren klimatischen und geographischen Verhältnissen nach zur Besiedlung mit Weißen geeignet erscheinen.

Klima.

Die Hafenstadt East London liegt 27⁰ 55" ö. L. v. Gr. und 33⁰ 2" j. Br., sie korrespondiert also in ihrer Lage etwa mit Alexandrien. Die Amatoleberge schließen das Gebiet nordwestlich wie eine hohe Mauer gegen die heißen Hochebenen landeinwärts ab. Ausläufer dieses Gebirges durchziehen in verschiedener Richtung das Land. Die Berge sind ziemlich wasserreich; und die Seewinde wiederum bestreichen den größten Teil des Landes zwischen Gebirge und Gestade. East London hat von 1896—1906 eine durchschnittliche Regenhöhe von 837 mm gehabt; King Williams Town, das landeinwärts zwischen Gebirge und Seewindbereich besonders trocken liegt, immerhin noch 627 mm im Durchschnitt der Jahre 1882—1908. Die Durchschnittsmaxima der Temperatur East Londons sind für den Hochsommer (Januar und Februar) $24^1/_2$⁰ C, für den Winter (Juli—September) $20^1/_2$⁰ C. Die entsprechenden Durchschnittsminima sind 18⁰ C und $9^1/_2$⁰ C. Für King Williams Town ist das sommerliche Durchschnittsmaximum $29^1/_2$⁰ C, das winterliche 22⁰ C; die Minima 16 resp. 5⁰ C. Ein- oder zweimal im Jahre erglänzen die Gipfel der Amatoleberge im Schnee, und durchziehen Nachtfröste das Land bis in die Nähe der Küste.

Bodenverhältnisse. Die Bodenverhältnisse sind der Siedlung einigermaßen günstig. Bis in die Berge hinauf ist das Land mit Weidegras bewachsen. In der zweiten Hälfte der trockenen Winterzeit vertrocknet es allerdings auf dem Halm, so daß das ganze Land von einer tristen, gelben Farbe bedeckt ist. Nach dem Frühlingsregen ergrünt alles sehr schnell wieder, das Vieh gleicht die Hungerwochen des Winters wieder aus. Vom Amatolegebirge oder seinen Vorbergen (z. B. dem Piriebusch) durchziehen größere und kleinere Flußläufe das Land: Keiskama, Chalumna, Buffalo, Nxachoon, Gonubie, Kwelegha, Kubusie (zum Kei). Auch in trockenen Monaten gibt es, wenigstens in teichartigen Vertiefungen dieser Flußläufe oder ihrer Zuflüsse, Wasser. An nicht wenigen Erbreiterungen der Flußtäler findet man Schwemmland von hervorragender Anbaufähigkeit. Die Flüsse haben das Land mit tieferen Tälern und Senkungen zerklüftet, im unmittelbaren Gebiet derselben trägt das Land durchaus den Charakter von Gebirgs- oder Hügellandschaft. Doch läßt der Abstand der größeren Wasserläufe voneinander Raum genug für größere Ebenen. An den gebirgigen Flußläufen entlang ist der gewiesene Platz für größere Farmen, auf denen man (wenn nicht grade ein Stück Schwemmland dazu gehört!) manchmal mühsam die zum Farmbetrieb nötige Anzahl Acker Pfluglandes zusammensuchen muß. Auf den Ebenen ist die Möglichkeit für die Bebauung größerer zusammenhängender Flächen, und damit die Möglichkeit für engere Besiedlung, für Dorf- und Stadtbildung gegeben.

Grey wollte die Besiedlungsfähigkeit des Landes zur Sicherung der Kolonie ausnutzen. Die Wünsche des Kaplandes nach Siedlern trafen sich mit Überlegungen der englischen Regierung, was man mit der britisch-deutschen Legion anfangen sollte. Für den Krim-Krieg hatte England — wie schon einmal im Anfang des Jahrhunderts — eine Legion werben lassen, zum allergrößten Teil aus Deutschen. Eine Parlamentsakte vom Dezember 1854 „erlaubte" Ausländern, to be entitled and to serve as Officers and Soldiers in Her Majesty's Forces.

Britisch-Deutsche Legion.

Nach verschiedentlichen Versuchen, pensionierte verdiente Generale für die Oberleitung der Werbungen und für die Kommandierung der Geworbenen zu gewinnen, hatte man in Baron von Stutterheim den unternehmenden Geist gefunden, der sich erbot, in bestimmter Frist 10 000 Mann zu werben und kriegsbereit zu stellen, je 5000 in den Jahren 1855 und 1856. Helgoland war Haupt-Werbedepot; außerdem erlaubten Belgien und Frankreich Werbungen an der preußischen Grenze. Helgoland lag bequem für manche schleswig-holsteinische Offiziere und Soldaten, die sich nach neuer soldatischer Tätigkeit sehnten, und ebenso für Hannoveraner, die in Erinnerung an die erste Legion sich zahlreich einfanden. Eine erste Brigade ging Ende 1855 kriegsbereit nach dem Bosporus ab. Eine zweite war auch beinahe vollzählig, als der Friede den Werbungen ein Ziel setzte. Nach dem Gesetz und den eingegangenen Werbeverpflichtungen mußten die Legionäre entlassen und mit einem Jahressold (Offiziere mit vierteljährlicher Gage) in ihre Heimat oder nach einem freierwählten Hafen der Welt kostenlos befördert werden. In die Zeit des Überlegens, was man beginnen sollte, kamen von Kapstadt die Wünsche nach Siedlern. Man war froh, als sich so mit einem Male die Möglichkeit bot, die Legion unterzubringen, noch dazu, da man die Kosten auf andere Schultern abschieben konnte. Die Kapregierung willigte in den Vorschlag ein, die Legionäre als Militärkolonisten für Britisch-Kaffraria zu übernehmen; das Kapparlament bewilligte im Mai 1856 40 000 £ zur Aussendung und 5000 £ Jahreszuschuß zu ihrer Ansiedlung. Die Bedingung war, daß die Legion, wenigstens eine entsprechende Anzahl der Legionäre, von

3*

ihren Familien begleitet würden. Ehe das Parlament in die Aussendung willigte, erklärte der Gouverneur Sir George Grey, offenbar doch auf Grund der ihm gewordenen Informationen, daß wahrscheinlich 8000 Offiziere und Mannschaften kommen, ihre Familien mitbringen oder sich doch verheiraten würden. Am liebsten hätte England die ganze Legion nach dem Kap abgeschoben, aber es gelang nur bei einem Teil, ihr Einverständnis zu erlangen. Eine Deputation von drei Offizieren wurde hinübergeschickt, die Mitte 1856 in King Williams Town eintraf und das Land besichtigte. Ob man ihnen auch Gegenden gezeigt hat, die für die Legion nicht bestimmt waren, ob sie selbst die ihnen angepriesenen Entwicklungsmöglichkeiten in bereits vorhandene Realitäten umsetzten: jedenfalls schilderten ihre Berichte das Land in den rosigsten Farben. Weder ihre übertreibenden Anpreisungen, noch eine Bittschrift der Bewohner Kaffrarias, die um dieselbe Zeit in England einlief, übte Anziehungskraft aus. Die verführerische Macht des Vorschusses mußte noch das ihrige dazu tun, damit schließlich etwa 2400 dem Ruf nach dem Kafferland Folge leisteten, als im Oktober die Legion aufgelöst wurde. 2245 Legionäre mit unverhältnismäßig viel Offizieren, reichlich 100 an der Zahl, von denen die Hälfte überzählig waren oder als Gentlemen Cadets Unteroffiziersstellen bekleideten, wurden im November 1856 auf 6 Segelschiffen (Sultana, Culloden, Stamboul, Abyssinian, Covenanter und Mersey) und einem Dampfer (Vulcan) nach dem Kap eingeschifft. Enttäuschte schon diese Zahl die Erwartungen des Gouverneurs, so noch mehr die Zahl der sie begleitenden Frauen. Grey beklagte sich in einem Schreiben vom 26. Dezember 1857 an den Kolonialsekretär Labouchere, daß nur 330 Frauen, darunter etwa 130 Frauen und Töchter von Offizieren und 200 Frauen und Töchter von Soldaten gekommen wären, statt wenigstens 1600, die man im Verhältnis zu der Zahl der Männer hätte erwarten müssen[1]. Labouchere fühlte sich nach seinem Briefe vom 5. Juni 1857 frei von aller Schuld, da ja "die Familien der Verheirateten mitgeschickt wären und die übrigen angehalten seien, sich vor der Abreise zu ver=

---

[1] Greys Zahlen über die Frauen und Kinder stimmen offenbar nicht. Nach Nr. 3 des "Beobachters" vom Juni 1858 — einer für die Legion herausgegebenen Zeitung — waren 30 Offiziersfrauen und 36 Offizierskinder, 291 Soldatenfrauen und 141 Soldatenkinder vorhanden. Damit stimmt auch die Zählung besser überein, welche bei Ankunft der Legion in Kaffraria gemacht wurde: 38 Offiziersfrauen, 343 Legionärsfrauen und 178 Kinder.

heiraten". In der Tat hatte man diesen Wunsch ausgesprochen, und kurz vor der Abreise Massentrauungen unter den Legionären abgehalten. In dem Mangel an begleitenden Frauen und Familien lag die Ursache der späteren Immigration deutscher Familien. Mitte Januar 1857 landeten die ersten Schiffe in Buffalo Mouth (East London), Ende Februar das letzte. Die gelandeten Militärkolonisten wurden in Fort Murray zusammengezogen. Am 9. März war alles beisammen, und Ende März die endgültige Einteilung vorgenommen. Mancher deutsche Soldat starb in diesen Wochen an den Folgen von Dysenterie und Alkoholgenuß. Nach und nach wurden alle Abteilungen ihren Siedlungsplätzen zugeführt.

Die Liste der Siedlungsplätze und die entsprechende Verteilung der Militärsiedler ist im Anhang abgedruckt. Einige der Plätze bestanden schon als Quartiere englischer Soldaten: Dohne-Post (jetzt Sutterheim), Izela-Post (jetzt Braunschweig), Keiskamahoek, King Williams Town, East London, Fort Peddie. Andere lagen in der Nähe von englischen Forts: Potsdam bei Fort Jackson, Bell bei Tobi, Hannover bei Fort Blaney, Panmure bei East London. Die übrigen Plätze sind Neugründungen: Wooldridge (Patos Kraal), Bodiam (Maudys Farm), Hamburg (Keiskama Mouth), Panmure (seit dem 20. Juni 1857), Cambridge, Berlin (anfänglich Umhala) mit Charlottenburg, Breidbach, Greytown (1878 als Fort Canningham wieder benützt), Ohlsen, Kolding, Frankfurt mit Marienthal und Wiesbaden. Geplant war ferner eine Station zwischen Potsdam und Cambridge; aber Hauptmann Mischke fand hier nicht genug Wasser und kehrte nach Panmure zurück.

In den Namen der Plätze finden wir die Namen des Gouverneurs Grey, des Kriegsministers Panmure, des Generals von Stutterheim, des Legionsobersten Wooldridge und eines bei King Williams Town wahrscheinlich von Kaffern ermordeten Hauptmanns Ohlsen wieder; Bell und Bodiam scheinen nach Beamten oder Privatpersonen genannt zu sein. Die übrigen Namen sind Städte- und Dörfernamen der alten Heimat. Der ortsälteste Offizier wählte den Namen vorbehaltlich der Genehmigung der Regierung.

Eine besondere Uniform für die Militärsiedler bestand nicht. Man trug Zivil oder im Dienste dieselbe Uniform, die man früher getragen hatte. Die früheren Angehörigen der leichten Infanterieregimenter rote Röcke mit schwarzen Kragen und Aufschlägen, dunkle Beinkleider mit roten Biesen, am Käppi und auf der Kartusche das Horn der leichten Infanterie; die früheren Jäger dunkelgrüne Röcke und Hosen, die Offiziere schwarze Röcke mit schwarzen Schnüren; die früheren Husaren blaue Attilas mit gelben resp. goldnen Schnüren.

Die Bedingungen für die „Bildung einer militärischen Niederlassung in Britisch-Südafrika" sind im Anhange abgedruckt; ich verdanke ein Exemplar derselben dem kürzlich verstorbenen Oberstleutnant Herrn v. Mauntz, dem meines Wissens einzigen Legionsoffiziers, der später wieder in die deutsche Armee eingetreten ist. Die Bedingungen sind so kümmerlich, daß, selbst wenn alles pünktlich erfüllt worden wäre, kaum mehr als ein Vegetieren dabei hätte herauskommen können. Die Idee der Ansiedlung war offenbar, daß die Offiziere Großfarmer, die Soldaten Kleinsiedler werden sollten. Der Farmkauf lag für die Offiziere wegen des Remissionsgeldes im Bereich der Möglichkeit, aber was sollten die Soldaten mit einem Bauplatz und einem Acker Land anfangen? Obendrein hielt die Regierung ihre Seite der Bedingungen nicht so pünktlich ein, daß die Militärkolonisten gleich in feste Verhältnisse hätten hinüberwachsen können. Das Ausmessen von Bauplätzen und Gartenland war nicht überall genügend vorbereitet, es mangelte an Depots zum Einkauf von Geräten und Saatkorn, Baumaterial war schwer zu beschaffen. Dazu war das Menschenmaterial im ganzen genommen zum Kolonisieren durchaus ungeeignet. Das war unruhiges Soldatenblut, das nicht stille sitzen, pflügen und graben wollte, und das vor allem nicht mit beharrlicher Bedächtigkeit nach ersten Mißerfolgen im Garten- und Landbau, die sich einstellen mußten, immer wieder anfangen wollte und konnte. Das Häuserbauen und Landbestellen ging sehr kümmerlich vorwärts; woher hätten sie selbst bei gutem Willen die nötigen Fertigkeiten, noch dazu in fremdem Erdteil, in unkultiviertem Lande nehmen sollen? Zuletzt, die meisten waren Junggesellen. Grey hatte wohl recht, wenn er immer berichtete, daß der Soldat ohne Frau, ohne Familie kein Kulturpionier ist, sondern ein unruhiger Gast, dessen Anwesenheit nicht den Schutz gewährt, den ein ruhiges Siedlungselement bringen sollte, vielmehr eine Gefahr für die Kolonie wird. Die Legionäre wurden in militärischem Verbande gehalten. Es wurde exerziert und Patrouillendienst getan; ausdrücklich wurde am 29. Juni ein Erlaß verlesen, daß die Kriegsartikel für die Legion Geltung hätten. Eigentlicher Kriegszustand lag nicht vor; wenn gleichwohl die Mannschaften militärisch organisiert bleiben, dann begründet Grey die Mehrausgabe der vollen Löhnung wieder mit dem Mangel an Frauen, um deswillen die Legion unter Waffen gehalten werden müsse, damit sie sich nicht verliefe. Natürlich förderte das die Gedanken an Kulturarbeit nicht, sondern hielt den Wunsch nach Krieg und Abenteuern wach. Zahlreich waren die Desertationen nach den Burenrepubliken trotz der Kriegsgesetze, und es ging wie ein befreiendes Aufatmen durch die Reihen, als in Rücksicht auf kriegerische Unruhen in Indien die Frage an die Militärkolonisten herantrat, ob sie in ihrem Verhältnis bleiben oder lieber wieder in militärische Dienste zur Unterwerfung des Aufstandes in Indien übertreten wollten. Noch ehe Greys Pläne, die Legion durch Einsiedlung deutscher Familien seßhaft zu machen, Wirklichkeit wurden, hatten sich überall mehr als die Hälfte aller Mannschaften für Indien gemeldet. Ein ganzes Regiment, 1030 Mann stark, mit einem Stab von 31 Offizieren, konnte gebildet und im Oktober 1858 nach Indien verschifft werden. Zum 1. April 1860 wurde der Rest der Militärsiedlung amtlich aufgelöst.

General von Stutterheim war nicht mehr dabei. Bereits im Oktober 1857 hatte er aus Familienrücksichten seinen Abschied erbeten und das Weite gesucht. Sein Nachfolger war Wooldridge geworden, der das „Jäger=Corps" in Indien zu kommandieren hatte. Das „Jäger=Corps" hat bis zum Januar 1860 in Indien bestanden, dann wurde es aufgelöst. Die Reste der Legion traten zumeist in indische Regimenter, 550 Mann mit 13 Offizieren zum Bombayschen Regiment, 26 Mann zur Artillerie, 20 zur Musik des Gouverneurs. 6 Offiziere mit 370 Mann wurden nach der Kapkolonie zurückgeschickt und in Port Elizabeth gelandet, von wo sie sich über das ganze Land zerstreuten, ohne daß sie als besonderes Siedlungselement gerade für Kaffraria weiter in Betracht kommen.

Man kann den Versuch der Ansiedlung der Legion nicht einfach als wertlos bezeichnen. Er hat trotz des Fiaskos praktische Erfolge gehabt. Zunächst wurde das Erscheinen der Legionäre im Lande dankbar begrüßt, aus dem Empfinden heraus, daß ihre Anwesenheit eine Garantie für die Sicherheit des Kafferlandes war. Es läßt sich natürlich nicht beweisen und nicht einmal behaupten, daß in der Zeit der Krisis nach dem großen Viehschlachten durch ihr Dasein die Gefahr sonst möglicher Kafferunruhen beseitigt wäre. Der Gouverneur ist der Überzeugung, daß die friedliche Überwindung dieser kritischen Zeit auch

Erfolge der Ansiedlung.

von militärischem Gesichtspunkte aus die Aussendung der Militär=
kolonisten gerechtfertigt hat[1].

Ferner verdankt Südafrika, nicht Kaffraria allein, der Legion
eine Reihe von tüchtigen Familien. Nicht bloß unter den Offizieren
waren Männer, die als Beamte oder sonst als Männer in gehobener
Stellung sich Verdienste um das Land erworben haben; die Legion
zählte auch unter den Mannschaften eine Reihe solider, tüchtiger und
intelligenter Männer, die sich in die Verhältnisse hineinfanden, und
die — wenn auch nur zu geringem Teil als Farmer oder Kleinsiedler —
so doch in andern Berufen, als Geschäftsleute, Lehrer, Beamte, inner=
halb oder außerhalb der Grenzen Kaffrarias sich bewährt haben. End=
lich ist die Ansiedlung der Legion von vornherein von der Kapregierung
als Ansiedlung deutscher Familien gedacht, und wegen ungenügender
Anzahl begleitender Familien alsbald als Anlaß für die nachfolgende
Einwanderung genommen. Die Legionäre sind damit die Wegbereiter der
Emigranten geworden. Die Emigranten sind neben und unter ihnen
angesiedelt, zum Teil direkt an ihre Stelle getreten, wo sie die Häuser
der nach Indien Ziehenden übernahmen. Alle Siedlungen der Deutschen
aus jener Zeit setzen die Dörfer der Legion voraus. Bell, Bodiam,
Berlin, Potsdam, Panmure, Cambridge, Hannover, Marienthal, Wies=
baden, Frankfurt, Breitbach, Ohlsen — alles Orte, die durch die Legion
entstanden und von ihren Offizieren benannt waren. Und die Dörfer
älteren Gründungsdatums — Keiskamahoek, Izela, Dohne=Post —
waren doch auch durch die Legion erst wirkliche Dörfer geworden und
deshalb zum Teil auch von den Offizieren umbenannt: Izela=Post
in Braunschweig, Dohne=Post in Stutterheim. Die Ansiedlung der
Legion ist von der späteren Einwanderung aufgesogen, aber die Namen
der Orte weisen darauf hin, daß die Legion Schrittmacherin war.

5. Die deutschen Emigranten 1858—59.

Panmures Vorschlag.

Lord Panmure, der Vertreter des Kriegsministeriums, stand den
Plänen des Gouverneurs Grey offenbar verständnisvoller gegenüber
als der Kolonialminister. Er fühlte, daß die Aussendung der Legio=

---

[1] Vgl. seinen Bericht ans Kolonialamt vom 23. Dezember 1857. — Es bestand
fortwährende Meinungsverschiedenheit über die Höhe der Soldzahlungen (§ 10 der
Bedingungen), Grey wollte full pay zahlen und konnte es schließlich gegen den
Willen der Kolonialregierung nicht durchsetzen.

näre ohne genügende Frauen Greys Pläne illusorisch machte, und wollte die Aussendung der Legionäre deshalb dadurch ergänzen (Bericht ans Kolonialamt vom 15. November 1856), daß auf Grund eines von Professor Demmler ausgearbeiteten Vorschlages ein Teil der deutschen Auswanderung für die nächste Zeit nach der Kapkolonie abgelenkt würde; dann würde die Regierung ebensowenig Kosten von der Auswanderung haben, wie Amerika von der seinigen; die Legionäre würden zusammen mit den Siedlern, wie reguläre Truppe in Verbindung mit einer Art Landwehr, eine starke Schutztruppe bilden. Mit seinem eignen, ablehnenden Gutachten legte das Kolonialamt diesen Vorschlag Sir Grey vor, der ihn in seinem Antwortschreiben wegen der beginnenden Unstetigkeit der Militärsiedler für durchaus nötig erklärte, und auf schleunige Aussendung von 1000 deutschen Familien mit freier Fahrt drang. Grey hielt die Sache damit für abgemacht, um unter dem 5. Juni 1857 abschläglich beschieden zu werden.

Unabhängig von Lord Panmures Vorschlag, der Grey bei seiner Vorliebe für deutsche Tüchtigkeit so sympathisch berührte, hatte er selbst durch Landverkäufe in King Williams Town (am 14. März 1857 35 Stadtbauplätze für 1831 £) Geld flüssig gemacht, um eine Einwanderung englischer Familien vom Kolonialamt erbitten zu können. Im Schreiben vom 23. März 1857 stellt er 3000 £ zu diesem Zwecke zur Verfügung. Der Kolonialminister beantwortet, gleichfalls unter dem 5. Juni 1857, diesen Antrag Greys damit, daß er keine Familien, sondern eine Schiffsladung irischer Mädchen in Begleitung einzelner Familien senden werde. Am 23. November 1857 kam richtig die Lady Kennaway mit einer Reihe von Irländerinnen, um das weibliche Element zu verstärken. Das Transportschiff strandete am Tage darauf, nachdem seine Insassen dankbar von der Kolonie aufgenommen waren.

Greys Bitte um englische Familien.

Grey beschloß, die Regierung vor die vollendete Tatsache zu stellen. Er gab seinen Plan, britische Familien herauskommen zu lassen, auf, griff im Interesse eines harmonischen Zusammenlebens der Emigranten mit den deutschen Legionären Lord Panmures Vorschlag auf, benützte die Auskünfte, die General von Stutterheim ihm gegeben hatte, und schloß durch den Vertreter W. Berg in Kapstadt mit dem Handelshause Godefroy in Hamburg einen Kontrakt auf Ausschiffung von etwa 4000 deutschen Emigranten nach Kaffraria ab. Sobald alles erledigt war, berichtete er voll Stolz und Mannesmut am 26. Dezember 1857 an die Regierung: „Ich habe nicht nutzlos die Zeit verstreichen lassen

Greys Kontrakt mit Godefroy.

können; ich fühlte mich verpflichtet, etwas zu tun. Gestern ist das Antwortschreiben der deutschen Firma aus Hamburg eingegangen, daß sie im Laufe der nächsten beiden Jahre Auswanderer, etwa 4000 Seelen an Zahl, herausbefördern werde. Die Kosten in Höhe von 50 000 £ werden durch Wechsel der kaffrarischen Regierung sichergestellt, mit 6 % verzinst und in 10 Jahren abgetragen werden. Die erhöhte Landeskultur wird die Zinsen von 3000 £ wieder einbringen, und Kaffraria wird aufhören, eine Quelle der Sorge und Unruhe zu sein." — Der Kolonialsekretär konnte wohl Grey die Eigenmächtigkeit seines Handels vorwerfen (4. Mai 1858), konnte auch gegen Zahlung von 5000 £ Abstandsgeld die Firma Godefroy veranlassen, von dem noch nicht erfüllten Teil des Kontraktes zurückzutreten, aber nicht verhindern, daß doch wenigstens zirka 2700 Personen statt der vorgesehenen 4000 nach Kaffraria ausfuhren. Der Biograph Greys erzählt, daß die englische Regierung die Schuldscheine diskreditiert habe, mit denen die kaffrarische Regierung das Haus Godefroy bezahlt hatte. Bei seiner Anwesenheit in England habe Grey persönliche Freundschaft mit englischen Bankherren zur Sicherung der Wechsel in Anspruch nehmen müssen. Die Regierung Kaffrarias hat ihrerseits dann die Schuldscheine eingelöst, und die deutschen Emigranten, die dafür haftbar gemacht waren, zahlten jedes Pfund an die Kolonialregierung zurück.

Herkunft der Emigranten. Die Auswanderer rekrutierten sich aus fast allen Teilen Deutschlands. Pommern, Uckermark, Mecklenburg, Hannover, Bayern, Baden, Schlesien, Posen usw. waren mit einer Reihe von Familien vertreten. Unter der ganzen Schar war kaum einer, den Abenteuerlust in die Welt hinausgetrieben hätte; fast ausnahmslos waren es Leute, die von dem Wunsche beseelt waren, durch Auswanderung aus engen, ärmlichen Verhältnissen eine Stellung zu erreichen, die ihnen in Deutschland unerreichbar schien: Herren auf eigner Scholle zu werden. Besonders Gegenden mit überwiegendem Großgrundbesitz stellten Auswanderer, und es hat lange gedauert, bis die Auffassung da drüben zu schwinden begann, als ob Deutschland ein Land der Knechtschaft wäre, wo es den ärmeren Ständen unmöglich wäre, sich in freiere Stellung hinaufzuarbeiten. Knechte, Tagelöhner, auch wohl kleine Handwerker, das waren die Stände, die unter den Emigranten vorhanden waren. Sie ahnten nicht, wie schwer sie den Aufstieg in eine sozial höhere Schicht erkämpfen mußten.

Harte Bedingungen. Die Emigranten erzählen von verlockenden Prospekten und

Zeitungsaufrufen; die Missionare berichten, solche „schöne goldne Prospekte" noch bei den Auswanderern gesehen zu haben; leider ist keiner bis heute erhalten geblieben. Die Auswanderungsbedingungen waren den Kontrakten zwischen der Firma Godefroy und den einzelnen Auswandererfamilien im Auszuge aufgedruckt und sind dadurch unter den deutschen Familien lebendig geblieben. Im Anhang ist ein Kontrakt mit Auszug aus dem Regulativ abgedruckt. Man berechne die Schuldenlast, welche eine auswandernde Familie durch den Kontrakt übernahm. Alles Land außer dem Bauplatz muß für den unverhältnismäßig hohen Preis von 1 £ für den Acker (0,4 ha) gekauft, die Passage mit 12:10 £ für die Person zurückbezahlt werden. Die Schuldenlast, die übernommen werden mußte, steigerte sich bei einigen Familien auf über 100 £. Um gleich zu ergänzen: auch die Rationen an Brot und Fleisch, die die Regierung notgedrungen anfangs austeilen mußte, sollten wiedererstattet werden[1]; auch die den Emigranten überwiesenen Lehmhütten derjenigen Legionäre, die nach Indien zogen,

---

[1] Die Bezahlung der Rationen ist verlangt und manche Siedler haben mir bezeugt, daß sie von ihnen geleistet ist. In anderen Fällen ist sie später erlassen. Ich setze als Beispiel einen Mahnbrief vom 26. August 1864 hierher:

| An Herrn N.N. Potsdam. | Schiff: La Rochelle | Contract No. 14. | Überfahrtsgeld nach Contract £ 43. 15. 0. |

Herr!

Ich bin beauftragt, Sie um die Summe von £ 14.11/8 zu bitten, die ein Drittel des Betrages darstellt, den Sie für Ueberfahrtsgeld schulden, wie oben festgesetzt. Ich habe Sie zu benachrichtigen, daß der Zeitpunkt, der für die Abzahlung der ersten Rate bestimmt war, seit lange verstrichen ist, und Sr. Hochgeboren, der Leutenant-Gouverneur, zu dieser Zeit auf die Bezahlung nicht hat bringen wollen, aber nun verlangt, daß wenigstens ein Drittel der schuldigen Summe innerhalb 3 Monaten vom heutigen Datum an bezahlt werden soll. Ich habe Sie ferner hinzuweisen auf die Freigebigkeit des Gouvernments, daß es Ihnen die Bezahlung der Rationen, die Ihnen geliefert sind, nachließ, und ferner auf den langen Kredit, der Ihnen für Ihr Land gegeben ist, den Sie unter den Bedingungen, auf die Sie es empfangen haben, nicht zu erwarten berechtigt waren.

Ich habe demnach zu ersuchen, daß Sie den genannten Betrag in meiner Amtsstube innerhalb des erwähnten Zeitraumes bezahlen mögen, um weitere Umstände und Unkosten zu sparen.

Ich bin, Herr,
Ihr gehorsamer Diener
N. N.,
Magistrate, Gonubie District.

mußten durch Schuldübernahme der an die Legionäre gezahlten Bauprämien von 18 £ gekauft werden. Die Engländer möchten, wenn sie die blühenden deutschen Siedlungen heute ansehen, gern glauben machen, daß sie in selbstverleugnender Generosität den Deutschen geholfen haben emporzukommen; nein, die deutschen Knechte und Tagelöhner haben sich und ihre neue Heimat emporgearbeitet, trotz maßlos harter Anfangsbedingungen.

Auswahl der Siedler. Die nicht abgedruckten Paragraphen des Regulativs enthalten Weisungen für die Firma. Sie darf nur ehrbare Familien, möglichst aus der Landbevölkerung, auswählen, nur geistig und körperlich gesunde Leute unter 50 Jahren, keine einzelnen Ehemänner oder -frauen, keine einzelnen jungen Leute, keine verwitweten Personen mit jungen Kindern; nur für Verwandte oder Freunde der Legionäre galten letztere Einschränkungen nicht. Erforderlich ist für jedes Schiff ein Arzt und wünschenswert ein Geistlicher oder Lehrer, deren Kabine die Regierung bezahlt, und die übrigens die Emigrationsbedingungen teilen, ein Paragraph, der leider nicht erfüllt ist.

Zahl der Emigranten. Die Emigrantenliste weist 487 Nummern auf, davon fehlen allerdings für zirka 50 die Namen. Daß diese leeren Nummern der Liste wenigstens zum Teil wirklich Familien bedeuten, hat sich beim Vergleich der nachweislich vorhandenen Familien mit den Namen der Liste ergeben; ich habe zirka 450 Familien für die Anfangszeit festgestellt. Von den wenigstens 450 Familien mögen sich eine Reihe von Familien (60—80?) sofort oder im Laufe der ersten Jahre wieder verzogen haben: nach anderen Teilen Südafrikas, nach Indien, nach Amerika oder auch (in vielleicht 1 Dutzend Fällen) wieder nach Deutschland. Es kämen also wenigstens 370—390 Emigrantenfamilien als Siedler für das Kafferland in Betracht. Der Seelenzahl nach sind in den Monaten Juli 1858 bis Februar 1859 gelandet: auf Cäsar Godeffroy 456, La Rochelle 485, Wandrahm 421, Wilhelm Berg 680, John Cäsar 273; rechnen wir für Peter Godeffroy auch noch 350—400 Personen, so beträgt die Gesamtsumme zirka 2700. Die Zählung in Kaffraria vom 31. Dezember 1859 gibt 306 Männer, 317 Frauen, 871 Kinder, zusammen 1494 Personen. Diese Zahl ist irreführend. Denn einmal wurde ein großer Teil der Siedler jenseits der Keiskama, also jenseits der Grenze Kaffrarias, angesiedelt, und sodann haben sich — außer den Familien, die dauernd verzogen — sofort nach Ankunft eine Reihe von Familien und Einzelpersonen zerstreut, um Arbeit zu suchen; die mögen damals nicht mitgezählt sein und sind doch mitzurechnen. Von den Legionären waren — nach Abzug der Gestorbenen, Desertierten und der für Indien Angeworbenen — am 31. Dezember 1859 noch vorhanden: 677 Männer, 271 Frauen, 217 Kinder, zusammen 1165 Personen. Nach der Auflösung fand der Teil, welcher wirklich in Kaffraria blieb, Beschäftigung als Kaufleute, Gastwirte, Schlächter usw., bei besserer Vorbildung auch als Schullehrer, Schreiber, Beamte; einige Offiziere hatten Farmen. Von den verhältnismäßig wenigen, die aus dieser Zahl dann dauernd in Kaffraria blieben, sind wieder nur ein Teil als Ackersleute in die Sieblungen hineingekommen. Wenn demnach 1876 noch 436 Sieblungsplätze besetzt waren[1], so ist das, meines Erachtens, ein Beweis, daß sich die Ansiedlung für eine längere Zeit ziemlich konstant nach Gesamtzahl von Plätzen gehalten hat.

Von der Küste wurden die Ankömmlinge mit Ochsenwagen in die neuen Wohnsitze gebracht. Jeder konnte sich eines der Legionsdörfer aussuchen. Man blieb nach Landsmannschaft oder Bekanntschaft zusammen, fuhr auch wohl ins Land mit hinein und ließ sich absetzen, wo es einem gefiel. Für manche Familien boten die Häuser der nach Indien abrückenden Legionäre ein schnelles Unterkommen, andere mußten erst irgendwie (z. B. in den Forts) vorläufig untergebracht werden. Die Landvermessung war nicht vorbereitet, recht zum Leidwesen der Leute, die am liebsten gleich sich an die Arbeit auf dem Lande gemacht hätten. Völlig mittellos saßen die Leute da. In King Williams Town wurden über 2000 Mark kollektiert, um Nahrungsmittel für sie zu kaufen. Notgedrungen mußte auch die Regierung Lebensmittelrationen ausgeben und Saat zur ersten Bestellung verteilen. Manche Familien, und besonders viele Männer zerstreuten sich, um auf den Farmen in der Nachbarschaft oder in der Kapkolonie jenseits der Keiskama Arbeit zu suchen. Manche Handwerker fanden Arbeit in den Städten, die in den Grenzgebieten der Kapkolonie in jenen Jahren entstanden, in Adelaide, Seymour, Queenstown, Cathcart. Endlich fanden auch einige Arbeit bei den Offizieren der Legion, die zurückgeblieben waren, oder bei anderen Beamten Kaffrarias.

Erste Anfänge.

---

[1] Report of the Select Committee, appointed to report on Immigration, 1876, Seite 3; der Surveyor General gutachtet: That scheme was a large one and the results were not quite equal to anticipation; there being only 436 lots occupied, während er sich auf Seite 5 durchaus günstig über die Erfolge ausspricht. Vgl. den Anfang von „6. Spätere Einwanderung".

überall war der Verdienst schlecht, 1 Mk. oder höchstens einmal 1,50 Mk. verdienten die Männer, ja, auf mancher Farm mußten sie gegen Naturallohn arbeiten. Derweil quälten sich die Frauen zu Hause mit Hacke und anderen primitiven Werkzeugen das Land urbar zu machen, und Land- und Gartenbau, sowie Hühnerzucht in Gang zu bringen. Im Mondschein wie im Sonnenschein wurde gearbeitet. Die Frauen schleppten Lasten der Erstlingsernten nach den Märkten, meilenweit, die Kinder liefen mit einem Körbchen voll Eier tagelang umher, um dann 50 Pf. Erlös der Mutter dafür zu bringen. Es ist herzblutend, schreibt ein Missionar in jenen ersten Zeiten, das Elend unserer Landsleute ansehen zu müssen.

Markt-verhältnisse. Ordentlicher Markt, der den Siedlern leichter über die ersten Nöte hinweggeholfen hätte, war nicht vorhanden. Anfänglich kamen noch die Legionäre als Käufer in Betracht — freilich bei 50 Pf. Löhnung, wofür auch das Getränk noch zu stehen war, ein wenig kaufkräftiges Publikum! Nach der Auflösung 1860 fielen die Söldnergroschen ganz fort. Daneben die übrigen Europäer; Ende 1859 noch nicht 2000, von denen noch viele sicher selbst Korn und Gemüse bauten. An Export ist in diesen ersten Jahren nicht zu denken. Die Hafenstadt East London zählt 1875 nur erst 2134 Einwohner. Erst nach 1870 kommt Dampfschiff und Eisenbahn. Als nach einigen Jahren reichlichere Erträge gewachsen waren, konnte es vorkommen, daß dieser Segen einfach nicht zu Gelde gemacht werden konnte.

Gleichzeitige Farm-ausgabe. Die ganze Härte der den deutschen Kleinsiedlern auferlegten Bedingungen tritt scharf zutage, wenn man daneben stellt, daß genau um dieselbe Zeit in Kaffraria an der Kubusie, am Nxachoon, am Buffalo weite Strecken entvölkerten oder konfiszierten Landes zu Farmen von durchschnittlich 1500 Acker Größe vermessen und an Engländer und Holländer ausgegeben wurden. Verpflichtung zu etwaigem Kriegsdienst, Besitz von Sattel, Pferd und Gewehr, Erscheinen zur Jahresparade, Nachweis von einigen Ochsen und nötigstem Wirtschaftsgerät, Zahlung von etwa 2 £ Erbenzins für 1000 Acker Land, — das waren die Bedingungen, unter denen Söhne englischer oder holländischer Farmer der Kapkolonie hier größere Farmen zugewiesen erhielten[1].

---

[1] Vgl. die Notizen über die Siedlung von 1820 auf S. 9—12. Auf die Geschichte der Farmbezirke und der darin entstehenden Orte gehe ich nicht besonders ein. Soweit sie sich mit der Entwicklung der deutschen Siedlungen berührt, wird sie geeignetenorts erwähnt werden.

Und doch, trotz allem von Jahr zu Jahr Fortschritt! Der Pflug tritt an die Stelle des Spatens, die Schiebkarre entlastet den Rücken, der selbstgemachte Rollwagen (mit Scheiben von Baumstämmen als Rädern!) löst die Schiebkarre ab, Ochsen werden beschafft und Kühe auf die Weide geschickt. Es bleibt ein Rätsel, wie es möglich gewesen ist, daß diese Ansiedler in jenen ersten Jahren außer den Ausgaben für Verbesserungen im Betriebe, die alle Jahre nötig waren, noch das erforderliche Geld zusammensparen konnten, um ihre Schulden bei der Regierung für Land und Passage zu bezahlen. Die Regierung forderte unerbittlich; sie war selbst in finanzieller Bedrängnis; war doch 1859 und wieder 1862 Einverleibung in die Kapkolonie wegen schlechter Finanzen des Landes abgelehnt. Und die Deutschen haben auf Heller und Pfennig bezahlt, was sie schuldig waren, haben Hunderte und Tausende von Mark zusammengespart, um endlich das Ziel zu erreichen, zu dem sie herausgekommen waren: Herren auf eigenem Lande zu sein. Eine Genügsamkeit sondergleichen, ein unermüdliches Einsetzen von Kraft und Energie, ein zähes, hartnäckiges Arbeiten an der Erreichung des gesetzten Zieles, — darin, nicht in äußeren Wechselfällen, wie sie eine Kolonie oft bietet, ist für die ersten Jahre der erfolgreiche Bestand der Siedlung begründet gewesen.

<small>überwinden der Anfangsnöte.</small>

Es ist nicht ohne Interesse, einen Blick auf die gleichzeitige deutsche Einwanderung im Westen zu werfen. Ein Teil der für Kaffraria bestimmten Siedler — von den bereits ausgesandten, wie von den zur Aussendung vorgesehenen —, und im Anschluß daran eine Reihe weiterer Familien fanden in diesen Jahren im Westen ihre neue Heimat. Für alle diese Emigranten bezahlten holländische Farmer die Ausreisekosten, und die Ankommenden gingen erst auf die Farmen, um ihre Überfahrt durch mehrjährige Dienste als Knechte und Tagelöhner abzuverdienen. Diese Erleichterung des Überganges zur Ansiedlung auf eigner Scholle fällt für den Osten fort. Diese mußten und wollten von vornherein ihre eignen Herren sein. Sie übernahmen selbst alle Kosten als persönliche Schuld, und wenn die Männer anfänglich auf Arbeit gingen, so waren solche Dienste mehr gelegentlicher und vorübergehender Art, aber keine kontraktmäßigen Leistungen.

Nach den schweren Anfangsjahren kamen bessere Zeiten, die vielen ein müheloseres Weitersteigen brachten. 1865 wurde Kaffraria der Kapkolonie einverleibt, was für die finanzielle Lage der kleineren Kolonie eine Verbesserung bedeutete. Bald darauf setzte für ganz

<small>Erstarken der Siedlungen.</small>

Südafrika eine Zeit des allgemeinen Aufschwungs und des leichteren Geldverdienens ein. Die Diamanten= und Goldfelder übten ihre Wirkung aus. Die Geschäfte blühten auf, neue Geschäfte entstanden. Die Städte wuchsen; die Häfen nahmen großen Aufschwung; Eisenbahnen wurden gebaut. Die Märkte wurden besser und die Handwerker fanden lohnende Arbeit. So floß auch in die deutschen Siedlungen in jenen Jahren reichlicher Bargeld, verhältnismäßig wenig auf direktem Wege durch Gold= und Diamantengraben, als vielmehr auf dem indirekten Wege der vermehrten Arbeitsgelegenheit und der reicheren Einkünfte aus Landwirtschaft und Handwerk aller Art und der Wertsteigerung von Grund und Boden. Bis in die neuere Zeit sind solche Perioden — wenn auch von kürzerer Frist — wiedergekehrt, die mehr Geld brachten, als zum Durchbringen der Familie nötig war. Noch zuletzt die Zeit des Burenkrieges war für die deutschen Siedlungen in Kaffraria eine geschäftlich günstige Zeit, da der Markt ungewöhnlich hohe Preise lieferte. Aber wie zu Josephs Zeiten wechseln in Südafrika magere mit fetten Jahren; Zeiten von Rückschlägen, Mißernten, Dürren, Viehseuchen haben oft schwer auf den Siedlern gelastet. Die Zeit der Rinderpest, die gegen Ende des vorigen Jahrhunderts auch bei den Deutschen fast den gesamten Viehbestand vernichtete, ist noch in lebendiger Erinnerung. Und jetzt wieder, wo sie anfingen, von dem wirtschaftlichen Rückschlag nach der Zeit des Burenkrieges aufzuatmen, steht als neue verderbenbringende Gefahr das East=Coast=Fieber von Natal her vor der Tür.

Die Aufwärtsentwicklung ist natürlich weder für alle Familien, noch auch für alle Siedlungsbezirke gleichmäßig gewesen. Die Bodenverhältnisse waren sehr verschieden. Braunschweig mit seinem guten Boden am Buffalo, etwas aufwärts von King Williams Town, war frühzeitig mit guten Ernten zur Stelle. Keiskamahoek war der Sitz der „Kartoffelbauern". Solche Orte konnten schon früh aufatmen. Hingegen hat z. B. ein Ort wie Potsdam sehr schlechten Boden, hügeliges Land, dünne Krume auf steinigem Boden. Solch ein Ort hat längere Zeit zum Aufarbeiten nötig gehabt, man sieht's seinen neuen Häusern an, daß eigentlich erst der Burenkrieg ihm die Mittel zufließen ließ, die über einfachste Verhältnisse hinwegsetzten. Daß auch, auf die einzelnen Familien gesehen, das Vorwärtsschreiten mit sehr verschiedenen Schritten vor sich ging, ist ja selbstverständlich. Die Gelegenheit zum

Verdienen bietet sich in verschiedenem Maße, und Fleiß und Wagemut ist auch nicht bei allen gleich.

Bestimmungsgemäß sollten die Emigranten in den Legionsorten oder doch in ihrer Nähe angesiedelt werden. Es sind demnach keine neuen Dörfer entstanden. Greytown und Kolding sind als Ortsnamen verschwunden. Manche kleinere Siedlungen sind allmählich mit benachbarten zu einheitlichen Gemeinwesen verschmolzen; Cambridge und Panmure bilden heute Teile von East London; Marienthal, Wiesbaden gaben ihren Namen an Frankfurt, Ohlsen an Stutterheim, Charlottenburg an Berlin ab. Jenseits der Keiskama verloren Wooldridge, Fort Peddie, Hamburg ihre Bedeutung als deutsche Sieblungen, und es blieben nur Bell und Bodiam als deutsche Gemeinwesen bestehen.

<small>Sieblungsorte.</small>

Mit dem Schwinden der größten Bedrängnis und mit dem Aufatmen aus drückender Schuld machte sich die Erkenntnis geltend, daß die angewiesenen Plätze für die Familien zu klein waren. Man hatte — ich weiß nicht, ob aus Überschätzung des Bodens und der Existenzmöglichkeit, oder ob aus Unterschätzung dessen, was auch ein pommerscher Tagelöhner als weißer Ansiedler im Kafferlande zu besitzen beanspruchen konnte — die Siedlungen zu eng, die Plätze darin für afrikanische Verhältnisse zu klein vorgesehen. Es setzte eine Zeit ein, wo ein Teil der Familien verkaufte und so den Bleibenden Gelegenheit gab, ihre Plätze durch Zukauf zu vergrößern. Überhaupt ist, seitdem die Plätze durch Abzahlung der Schulden freies Eigentum wurden, mancherlei Verschiebung der Familien auf den Siedlungsplätzen eingetreten, so daß das alte Bild in der Verteilung der Familien auch in den eigentlichen Sieblungsdörfern sehr verändert ist. In einem anderen Punkte ist völliger Bruch mit den ersten Absichten der Regierung und deren erster Verwirklichung zu Zeiten der Legion eingetreten: die Dörfer, in denen die grasgedeckten Lehmhäuser der Legion schon einmal zusammenstanden und deren Ausbau durch die Emigranten man plante, sind bald wieder verfallen. Die Emigranten zogen auf ihr Land hinaus, so daß ein ganz anderes Bild entstand: die Gemeindeweide, umgeben von zerstreuten Gehöften. Im „Dorfe" steht vielleicht Kirche und Schule, Lehrer- oder auch Pastorenhaus; da wohnt der Kaufmann, der Wirt, vielleicht ein Landmann, dessen Land in der Nähe des „Dorfes" liegt, aber die meisten Baustellen im Dorfe liegen — bis heute — leer da. Bereits Ende der 60er Jahre, als mit

<small>Verschiebungen.</small>

einer Reihe der Gemeinden Verhandlungen über genaue Abmessung der Communages, der Gemeinweiden, geführt wurden, berichten die Landmesser aus den verschiedensten Siedlungsplätzen, daß zwar die meisten „Village Lots" in festen Händen (occupied) sind (z. B. in Berlin 118 occupied, 22 vacant, im Nebenorte Charlottenburg 38 und 20, in Breitbach 76 und 12), daß aber die Mehrzahl der Besitzer dieser Baustellen auf ihren Grundstücken an der Communage wohnen. Die heutigen Städtchen im Siedlungsgebiete knüpfen nicht eigentlich an die ursprünglichen Siedlungsdörfer an, sondern verdanken ihr Aufblühen der späteren Hebung des Landes; Keiskamahoek und Stutterheim als Sitz von Verwaltungsbehörden, Cambridge als Vorort von East London, oder etwa Berlin als hochgelegene Sommerfrische an der Bahn zwischen King und East London. Diese Dörfer haben deshalb auch wie die beiden größeren Städte East London und King Williams Town, durchaus gemischte Bevölkerung, während die Landbezirke um sie herum, ebenso wie die übrigen Siedlungszentren Braunschweig, Frankfurt, Hannover, Potsdam, trotz Kaufens und Verkaufens sich im ganzen rein deutsch erhalten haben.

Wachstum der Seelenzahl. Etwas Zuzug haben die Siedlungen vom Westen her erhalten. Einige Familien der bereits erwähnten gleichzeitigen deutschen Immigration in der Kapstädter Gegend kamen nach dem Osten herüber. Auch einige — aber ich glaube wenige — Einzeleinwanderungen sind in jener ersten Siedlungsperiode erfolgt. Vor allem ergab die starke Vermehrung der Seelenzahl in den einzelnen Familien einen stets sich erneuenden Bevölkerungsüberschuß. Für diesen mußte ebenso wie für die durch Verkauf ihrer Siedlungsplätze stellenlos gewordenen Familien, wieder Platz zum Wohnen gefunden werden. Ein Teil fand in den wachsenden Städten Kaffrarias selbst Aufnahme, als Handwerker, Kaufleute, Ausspannwirte und dergleichen. Andere wanderten über die Grenzen des Kafferlandes hinaus; bis Kapstadt, bis Natal, bis Port Elizabeth sind sie gezogen, besonders viele im Laufe der Jahre nach den Großstädten des Oberlandes. Als nach 1880 das Land zwischen Kei und Natal annektiert wurde, haben sich auch manche die in Kaffraria gelernte Kunst, mit den Eingeborenen zu verkehren, zunutze gemacht und sind als Händler auf die Trading Stations oder in die Dörfer der großen Eingeborenenreservate gegangen. Seit etwa 1880 tritt dann ein neues Moment dazu: die Aufsaugung des Bevölkerungsüberschusses der Siedlungen durch die Farmdistrikte.

Britisch-Kaffraria und seine deutschen Siedlungen.

Periode des Farm- kaufens.

In derselben Zeit, als die deutschen Siedler anfingen, sich zu recken, gings mit den Farmen im Kafferlande rückwärts. Ich erwähnte schon, daß die Landmesser in denselben Jahren, wo sie die kleinen Stellen der Deutschen absteckten, englischen und holländischen Landeskindern größere Farmen von ca. 1500 Acker Land zu sehr wohlfeilen Bedingungen auszumessen hatten. Auf den Farmen wurde in erster Linie Viehzucht getrieben, mit gutem Erfolg. Die Schafe standen gut und der Wollhandel blühte. Die Ochsen trugen viel Geld ein, als in den 70er Jahren das Transportfahren nach Kimberley und Johannisburg zeitweise überreichen Verdienst einbrachte. Dann kam die Konkurrenz der Eisenbahn, das Transportfahren lohnte nicht mehr in dem Maße, die Schafe wollten nicht mehr stehen, Kapital zu sparen war in den guten Zeiten offenbar versäumt, und mit einem Male war es mit Schafzucht und mit Transportfahren vorbei, und — mit dem Farmer auch. Die Farmen verschuldeten, die Zinsen wurden zu drückend, und da zogen die deutschen Kleinsiedler auf den Farmplätzen ein.

Einige von denen, welchen es in den Siedlungsplätzen zu eng geworden war, riskierten den Kauf einer Farm. Als die ersten es gewagt hatten, folgten andere nach. Und dann nicht bloß solche, die ihre Plätze verkauften; mit der Zeit waren ja auch die Familien größer geworden und mancher Sohn herangewachsen, der Land suchte. Die meisten kamen nun aber nicht etwa mit großem Kapital auf die Farmen. Einige hundert Pfund hatten sie am Ende, den Erlös der verkauften Stelle, oder die gesparte Löhnung aus langjähriger Dienstzeit bei der Polizeitruppe, oder vielleicht oben im Lande gegrabenes oder unten erhandeltes Gold. Das wurde anbezahlt, der Rest auf Schulden genommen, und dann mit Pflug und Blockwagen und einigen Ochsen die Bewirtschaftung begonnen. Jeder einzelne Deutsche, der kaufte, wurde gewarnt, weil die Farm, auf die er's abgesehen hatte, keinen Weißen nähre; aber sie ließen sich nicht schrecken, und es ist ihnen gelungen, Farmer zu werden und sich zu behaupten. Die Erfahrungen, die man inzwischen im Lande gesammelt hatte, der Fleiß, der von der Emigrantenstelle auf die Farm mithinüberwanderte, dieselbe Sparsamkeit und Einfachheit auch in dem größeren Betriebe, die Stetigkeit und Unverdrossenheit auch bei Mißerfolgen; alles das bewirkte, daß die Schulden abbezahlt, die nötigen Verbesserungen alle Jahre gemacht und in nicht wenigen Fällen mit der Zeit einige Wohlhabenheit erreicht werden konnte.

4*

Diese Periode des Farmkaufens, die um 1880 einsetzte, ist noch in vollem Gange. Eine Menge von Farmen des Kafferlandes sind in deutsche Hände übergegangen. Auf den Bergen am Buffalo, am Nxachoon, an der Gonubie, in weitem Bogen um die ursprünglichen Siedlungen her, um King Williams Town, Frankfurt, Keiskamahoek, Stutterheim, Potsdam her, im Küstenstrich nördlich von East London wohnen die Söhne der alten Emigranten als Farmer. Macleantown, zwischen Nxachoon und Gonubie, war vor 1880 eine große holländische Kirchgemeinde. Heute ist die holländische Pfarrei dort eingegangen und eine wachsende deutsch-evangelische Gemeinde entstanden, die ohne Verbindung mit alter Siedlung, aus reinem Farmbezirk sich zusammensetzt. Bei Kei Road an der oberen Gonubie hat sich ein zusammenhängender Bezirk wohlhabender englischer Farmer gehalten. Im Komghadistrikte wohnen noch viele Holländer, aber auch nach hier dringen die Deutschen langsam und stetig vor.

Pächter und Beibauer. Der deutsche Bauer weiß die Farm so ergiebig zu machen, daß sie nicht bloß einer Familie Wohnung und Unterhalt gibt. Mancherwärts sind die Farmer beim Kauf geteilt. Auf vielen Farmplätzen bauen sich die heranwachsenden Kinder mit an und finden auch ihr Brot. Andernorts finden sich noch Pächter auf dem Platze ein, die ihre Pacht in bar zu entrichten haben, oder Beibauern, die „um die Hälfte" des Ertrages arbeiten. Da noch nicht überall Weiße — Söhne, Pächter, Beibauern — Mitbewohner der Farmplätze sind, sondern vielfach noch Eingeborene den Teil der Farm ausnützen, den der Baas nicht allein bewirtschaften kann, so wird auf den bereits in deutschen Händen befindlichen Farmen noch für eine Reihe deutscher Familien Platz sein.

Auch auf den Farmen Kaffrarias, die in den Händen von Engländern und Holländern sind, wohnen Deutsche als Pächter oder Beibauern. Das wird bei der wachsenden deutschen Bevölkerung für die nächste Zeit noch mehr ausgenutzt werden. Aber auch über die Grenzen Kaffrarias hinaus geht der Blick beim Suchen nach sicherer Zukunft. *Abwanderung.* Schon in früheren Jahrzehnten sind vereinzelte Deutsche kafferländischer Herkunft Farmer in auswärtigen Distrikten wie Queenstown, Tarkastadt, Grahamstown geworden. Auch im Oranjefreistaat haben sich seit einiger Zeit deutsche Farmer angekauft. Kühnen Mutes haben sich die Deutschen an diese Großfarmen außerhalb Kaffrarias mit ihren höheren Preisen (6—8000 £) und mit ihrem zum Teil für sie ungewohnten Betrieb (reine Viehzucht) herangewagt. Neuerdings wird ein ganz entlegenes Gebiet ausprobiert: Rhodesia, für dessen Besiedlung die Regierung wirbt. Eine Reihe von Familien sind hinaufgezogen. Ob das Land für den überschüssigen Teil des in Kaffraria heranwachsenden Jung=Deutschlands ernstlich mit in Betracht kommen wird, bleibt abzuwarten. Sehr erfreulich wäre es, wenn Deutsch=Süd=West, das in den letzten Jahren eine Reihe von den jungen Burschen Kaffrarias als Arbeitsuchende kennen lernten, einige zum Niederlassen locken würde, — viel erfreulicher jedenfalls, als wenn noch einmal wieder, wie vor mehreren Jahren, Wanderlustige auf die Idee kommen sollten, sich Britisch=Ost=Afrika daraufhin anzusehen.

6. Spätere Einwanderung.

Einen größeren Zuwachs erhielt das Deutschtum in Kaffraria während der Jahre 1877 und 1878. Das Parlament hatte im Jahre 1876 beschlossen, zur Ausnützung des Regierungslandes, das noch in beträchtlicher Ausdehnung unverkauft dalag, Emigranten aus Nordeuropa zu liberalen Bedingungen herauskommen zu lassen. Man ging in der Kommissionsberatung ausdrücklich auf die Erfahrungen von 1858 zurück. Der Surveyor General empfahl deutsche Landleute als vorzügliches Siedlungsmaterial. „Die Erfolge der Einwanderung von 1858 berechtigten zu einer Fortsetzung der Grundsätze von damals; sie hätten freilich nicht ganz der Erwartung entsprochen, aber die Bestimmungen wären damals sehr drückend gewesen; man müsse den Preis für das Land beträchtlich vermindern, so daß er mehr Anerkennung der Regierungsrechte, als Bezahlung des eigentlichen Wertes wäre." Auf Grund dieses Berichtes war beschlossen worden, freie Überfahrt zu gewähren und das Recht, bei Ankunft Land unter den Bedingungen des „Agricultural Lands Act" vom Jahre 1870 kaufen zu können.

Einwanderung 1877—78.

Die Firma Godefroy & Söhne in Hamburg wurde wieder mit der Ausführung beauftragt. Es muß irgendwie ein Mißverständnis bei der Abschließung des Kontraktes zwischen der Firma und der Kapregierung vorgefallen sein. Die Firma machte in den Zeitungen als Auswanderungsbedingung bekannt, daß Land für 10 sh per Acker, zahlbar in zehn Jahresraten, zu kaufen wäre. Das konnten die Bewerber nicht anders verstehen, als daß damit das Land in ihren freien Besitz überginge. (Vgl. den Anhang.) In Wirklichkeit sollte nach Ablauf dieser Zeit auf Grund des erwähnten Gesetzes gegen Erstattung der Ver=

Bedingungen.

messungskosten ein Quitrent=Title ausgegeben, das Land also mit Erbenzins — und zwar in Höhe von 1 sh jährlich für den Acker — belastet werden.

Umfang der Emigration. Deutsche Emigranten sind damals sowohl nach dem Westen wie nach dem Osten der Kapkolonie herausgekommen. Im Westen wurde die sandige Ebene vor Kapstadt besiedelt. Die Siedler, die damals dem Ruf der Kapregierung folgten, haben in der Verwandlung unfruchtbaren Landes in fruchtbare Gärten und Länder ein kulturelles Meisterwerk ersten Ranges geschaffen. Im Osten standen einige Parzellen hinter King Williams Town und größere Landstrecken an der Küste nördlich von East London zur Verfügung. Außer deutschen Siedlern sind hier zahlreiche Schotten in jenen Jahren ansässig gemacht. Beruflich waren die deutschen Siedler dieses Mal nicht ausschließlich aus dem landwirtschaftlichen Arbeiter=, sondern auch aus dem industriellen Handwerkerstand; 20 verschiedene Berufe zählen die Emigrantenlisten auf. Es landeten im Jahre 1877 3 Schiffe mit 528 Deutschen und 49 Schweizern, im ganzen 577 Seelen; darunter 273 Männer, 132 Frauen, 172 Kinder unter 12 Jahren. Am 23. März 1877 kamen mit der Roman in East London 4 Familien mit 16 Seelen an, die aus dem Segler Wandrahm übernommen worden waren; am 22. August 1877 mit Segler Adele 226 Seelen, darunter 110 Männer; am 5. November 1877 mit Segler Sophie 216 Seelen, darunter 123 Männer. Im Jahre 1878 brachte am 2. Juli der Segler Papa noch etwa 40 Familien; vereinzelte Familien sind bis in den Anfang der 80er Jahre noch nachgefolgt. Es ist zu bemerken, daß nicht alle Emigranten in Kaffraria blieben; ein guter Bruchteil verstreute sich auch dieses Mal gleich nach der Ankunft.

Anfangsjahre. Es wurden wieder eine Reihe von Besiedlungsbezirken angelegt. Das Schema war auch dieses Mal: Gemeinweide, umgeben von kleineren Hofplätzen. Die Plätze waren nach den inzwischen gemachten Erfahrungen von vornherein etwas größer vorgesehen, 20 Acker für jeden Erwachsenen. Die Landvermessungen sollten nach den offiziellen Berichten dieses Mal besser vorbereitet gewesen sein; im Februar 1878 seien 41 Parzellen bereits zugewiesen, und weitere 70—80 lägen abgemessen da. Als Grund für die Nichtausgabe werden äußere Umstände angegeben: Man habe versucht, zunächst in Lilyfontein, den Ankömmlingen behilflich zu sein, ihre Wohnplätze einzurichten, aber die übergroße Dürre habe jedes Weiterarbeiten verhindert. So haben in Wirk=

lichkeit die Siedler erst in Panmure liegen müssen, bis allmählich ein Übernehmen der Plätze möglich wurde. Ein Teil der Männer nahm deshalb gleich Kriegsdienste in dem letzten großen Kafferaufstand, der gerade wütete, während die Familien in den Einwandererdepots in East London waren. Parlamentsverhandlungen im Jahre 1884/85 förderten zutage, daß in Wirklichkeit noch jahrelang die Familien vielfach keine festen Wohnsitze hatten, und über dem Warten auf ihr festes Land und über den Versuchen, ohne sichere Grundlage den Boden zu bearbeiten und zu ernten, Jahre schwerster Entbehrungen haben durchmachen müssen. Und als man allmählich zu festen Wohnplätzen gelangte, da stellte sich heraus, daß nicht, wie die Siedler meinten, der Acker für 10 sh käuflich sei, sondern daß sie Vermessungskosten und eine dauernde Rente von 1 sh für den Acker bezahlen mußten. In den Jahren 1884 und 1885 haben die Emigranten dann einen Kampf um ihre Siedlungsbedingungen ausgefochten. In einer Petition mit 70 Unterschriften protestierten sie gegen die veränderte Sachlage. Anfänglich weigerte sich das Parlament, auf die Petition einzugehen, da durch Godefroys Anpreisungen das Gesetz nicht umgestoßen werden könnte, und da man nicht die übrigen Emigranten, die wie die Siedler in der Kapebene zu gleicher Zeit und zu gleichen Bedingungen gekommen seien, benachteiligen dürfe. Beim zweiten Versuch haben sie es erreicht, daß durch Parlamentsbeschluß die Bedingungen des Landkaufes in ihrem Sinne Geltung gewannen, und daß die Vermessungskosten beträchtlich — etwa auf den vierten Teil der Taxe — herabgesetzt wurden. Mit Erreichung dieses Zieles trat Stetigkeit in der Übernahme der Plätze ein. Nach Überwindung dieser Anfangsperiode waren die Bedingungen zur Entwicklung der Siedlung günstiger, als bei den älteren Schwestersiedlungen. Die Emigranten waren in gehobenere Gesamtverhältnisse des Landes hineingestellt; zudem fiel gerade in die nächsten Jahre das Aufblühen des Hafenortes East London, wodurch den neuen Siedlungen alsbald ein günstiger Markt gegeben war. Endlich war durch die freie Überfahrt und den um die Hälfte billigeren Kaufpreis des Landes der Schuldbetrag, welcher abzuarbeiten war, wesentlich geringer.

Weitere Entwicklung

Es entstanden in jenen Jahren Lilyfontein, Braakfontein, Kwelegha, Oberkwelegha. Abgesehen von Kirche und Schule sind nur durch die für eine Gruppe von Plätzen immer gemeinsamen Weiden Gemeinschaften in diesen Siedlungen hergestellt; dörflichen Charakter haben sie noch weniger als die älteren Siedlungen angenommen. Einige Gemeinweiden sind in den letzten Jahren aufgeteilt und den weideberechtigten Siedlungsplätzen zugeschlagen. Diese sind damit faktisch in die Reihe der Farmen, die auch hier neben den Siedlungen ausgemessen waren, eingetreten; der Distrikt ist also auf dem Wege, reiner Farmbezirk zu werden.

Einzeleinwanderung. Im Anschluß an diese Einwanderung von 1877—78 ist einige Jahre lang in verstärktem Maße Einzeleinwanderung erfolgt. Nach mündlichen Mitteilungen haben sich bereits ansässige Familien verpflichten müssen, ein Jahr lang Obdach und Beköstigung zu geben, und daraufhin habe die Regierung die gleichen Einwanderungsvergünstigungen wie den letzten Siedlern (freie Überfahrt und Recht zum Landkauf) gewährt. Eine Reihe von Familien machte sich das zunutze und ließ Bekannte oder Verwandte herauskommen, Familien und Einzelpersonen. Gesetzlich war die Regierung am Ende nicht verpflichtet, jene Bedingung zur Aufnahme Neuankommender zu stellen, aber wenn sie sie aus praktischen Gründen zur Verhütung unüberlegter Anträge auf Anwendung der Auswandererbedingungen stellte, so war das gewiß für beide Teile sehr verständig. Die Debe=Ebene bei King Williams Town — Gemeinde Emnxesha — verdankt jenen Jahren eine Reihe von Zuwandrungen. In den letzten 20 Jahren ist keine nennenswerte Einzeleinwanderung mehr erfolgt.

Ausgleich der Siedlungen. Die Entwicklung des Handels in den Städten hat im Laufe der Jahrzehnte eine Reihe von Reichsdeutschen zu dauerndem oder doch längerem Aufenthalte in Kaffraria veranlaßt. Auch durch Kirche, Schule und Mission sind einige Familien dort bodenständig geworden. Auf diese Weise ist in den Städten eine kleine Schicht von Deutschen höherer Stände entstanden. Die Kinder derselben sind Landesuntertanen; auch durch die beruflichen Interessen sind diese Familien zumeist aufs engste mit den deutschen Siedlern verbunden. Es liegt keine Veranlassung vor, diese Gruppe selbständig zu werten. Wir können sie teils beiseite lassen, teils einschließen, und im allgemeinen sagen, daß die Einwanderungen der verschiedenen Perioden — Legion, erste und spätere Einwanderung, Einzeleinwanderung — sich untereinander ausgeglichen haben. Wohl ist unter den späteren Siedlern ein neuer Menschenschlag nach Herkunft und Lebensanschauung vertreten, da ein Teil Städter oder Industriehandwerker gewesen ist; wohl bestehen auch unter den älteren Siedlungen Verschiedenheiten in

Lebensanschauung und Charakterausbildung, ebensogut wie bei uns Nachbardörfer Verschiedenheiten aufweisen; aber im ganzen ist die Lebensweise eine gleiche, so daß wir sie im folgenden als einheitliche Größe zusammenfassen können.

7. Lebensverhältnisse der Deutschen.

Trotz anfänglicher Gleichheit an Stand und Besitz (oder vielmehr Besitzlosigkeit) hat sich im Laufe der kurzen Jahrzehnte mannigfache soziale Verschiedenheit eingestellt. Dieselben Abstufungen, wie sie im heimischen Dorfbezirk zu finden sind, haben sich auch dort herausgebildet, von den Auserwählten, die vielleicht mehrere Farmplätze ihr eigen nennen, oder die neben ihrer Farm Kapitalvermögen besitzen, die an Land, Vieh und Geld einen Besitz von einigen 100 000 Mk. repräsentieren mögen, abwärts bis hin zu denen, die notdürftig alle Jahre aus der Hand in den Mund leben, und die es im Laufe der Jahrzehnte nicht über die Lehmhütte hinausgebracht haben, in der allgemein die Emigranten ihre afrikanischen Jahre begannen. Daß in den letzten Jahren zu den Siedlern die Farmer und, als Begleiterscheinung der Farmwirtschaft, zu den Eigentümern die Pächter und Beibauern hinzugekommen sind, haben wir schon berichtet. In einem Punkte unterscheidet sich der Stand der Landleute dort wesentlich von den heimischen Verhältnissen. Es gibt keinen ländlichen weißen Arbeiterstand. Die Stellung, in welcher der besitzlose oder richtiger der noch besitzlose Weiße im ländlichen Betriebe Arbeit findet, ist nicht die des bezahlten Knechtes oder Tagelöhners, sondern eben die des Pächters oder Beibauers. Er übernimmt ein Stück Land zum Bewirtschaften, und zahlt Pacht oder liefert einen Teil, meist die Hälfte, des Ertrages ab. Umgekehrt gilt das gleiche für den Besitzer. Kann er den Betrieb nicht allein aufrechterhalten, so gibt er zu seiner Entlastung Land und Weide ab. Wenn hier und da weiße Arbeiter im ländlichen Distrikte wohnen, so kommen sie als „ländliche" Arbeiter nicht in Betracht, es sind Arbeiter etwa in städtischen oder staatlichen Betrieben.

Soziale Verschiedenheiten.

Der Deutsche in Kaffraria — ich rede im ganzen Zusammenhang noch weiter von der Landbevölkerung — ist Ackerbauer. Trotz mannigfacher Mißerfolge und trotz aller Gefahren für die Landwirtschaft — Dürre, Heuschrecken, Rost, Maiswurm —, die den Bauersmann eigentlich alle Jahre mit nur partiellem Ernteertrage rechnen lassen, treibt

Ackerbau.

er mit gewissenhafter Konsequenz Landwirtschaft. Die kalendermäßige Regelmäßigkeit im Ackerbau fehlt. Es ist in mancher Beziehung ein sich jedes Jahr erneuerndes Ausprobieren, ob zeitig, ob früh zu säen und zu pflanzen ist, — ganz abgesehen davon, daß man alle Jahre erst einmal abwarten muß, wann die Möglichkeit zum Pflügen und Bestellen sich einstellt. Im September bis Dezember wird das Hauptkorn, der Mais, gelegt. Nicht in den Mengen, wie in den Großfarmdistrikten. In den Burenländern wird für den Export gebaut, in Kaffraria in der Hauptsache für den Landesgebrauch, besonders auch für den Kleinhandel mit den Eingeborenen diesseits und jenseits des Keiflusses, deren Hauptnahrungsmittel der Mais ist. In Kaffraria erntet der größte deutsche Maisfarmer in günstigem Jahr bis zu 800, höchstens einmal 1000 Sack, so viel, wie sein Landsmann in Natal ernten muß, wenn er überhaupt als Maisbauer mitgezählt werden will. Auf den kleinen Plätzen erntet man in günstigen Jahren 20, 40, 60 Sack, eben soviel, daß man ein paar Sack verkaufen kann. Als Winterfrucht kommt Hafer in Betracht, der in billigen Jahren und im Erntemonat 1,50 Mk., sonst bis zu 5 oder 6 Mk. für den Zentner, unausgedroschen, einbringt. Etwas Gerste wird für Grünfutter oder Gerstenheu gebaut. Weizen mißrät sehr oft infolge von Rost oder Dürre; sein Anbau kann zudem nicht alle Jahre versucht werden, weil nicht immer in der Saatzeit der zum Pflügen nötige Regen fällt. Kartoffeln werden auf dem Acker zweimal, im Garten öfter geerntet. Sonst wird auf dem Acker gebaut: Bohnen, Kafferkorn (eine Hirseart, zum Brauen des Kafferbieres), Vogelsaat, Tabak. Im Garten werden die europäischen Gemüsearten mit gutem Erfolg gezogen, dazu Kürbisse und Melonen; wo der Garten geschützt liegt und bewässert werden kann, da ist der Gemüsebau an keine bestimmte Jahreszeit gebunden. Auch für Obstbau eignet sich die Gegend. Apfelsinen, Zitronen und Mandarinen, Ananas und Bananen gedeihen prächtig, soweit landeinwärts, als nicht die Nachtfröste zu streng auftreten. Wer etwa eine gute Quelle auf dem Platze hat, oder vom Fluß her Wasser pumpen kann, darf alle Jahre auf gute Erträge seines Orangengartens rechnen. Pflaumen, Pfirsiche, Aprikosen gedeihen gut. Auch Äpfel, Birnen und Nüsse; diese Sorten wieder besser, je weiter vom Gestade entfernt.

Viehzucht. Neben Ackerbau kommt auch Viehzucht für den Landwirt in Kaffraria in Betracht. In den Siedlungen ist sie natürlich durch die Bestimmungen über Benutzung der Gemeinweide beschränkt. Die Vorliebe für Viehzucht hat manchen aus den Siedlungsplätzen auf die Farmen getrieben. Großvieh ist die Hauptsache, der weiße Siedler hat darin die Tradition der Eingeborenen übernommen. Eine Herde Ochsen ist nicht bloß für den Kaffer ein herzerfreuender Besitz. Auf den kleinen Plätzen sind für die Arbeit vielleicht 6—10 Ochsen nötig; auf größeren Farmen doch wenigstens 2 volle Spann zu 16 Stück. Wenn irgend möglich, hat man mehr als die gerade nötige Zahl. An Ochsen, Kühen, Jungvieh müssen doch 100—150 Kopf auf der größeren Farm vorhanden sein! An Kleinvieh kommt das Wollschaf in größerer Herde nur für einen Teil der Farmer in Betracht, da die Weide nicht überall geeignet ist. Kleinere Herden findet man auf den Gemein= weiden. Als nicht so empfindlich bürgert sich neuerdings das persische Fettschwanzschaf auch bei den Deutschen im Kafferlande ein. Ziegen= zucht beschränkt sich auf kleinere Herden. Angoraziegen werden nicht besonders viel gezüchtet. Schweine — das gehört sich so für einen guten Deutschen auch da draußen! — werden reichlich gemästet, für den Haus= bedarf und für den Markt. Straußenzucht wird vereinzelt getrieben; von Zeit zu Zeit versucht einmal ein Wagemutiger sein Glück damit. Das dafür geeignete Gebiet beginnt südlich der Keiskama; unter den jenseits des eigentlichen Kaffraria im Distrikte Peddie ungesiedelten Deutschen gibt es Straußenzüchter. Geflügelzucht wird fleißig ge= trieben, soweit die Entfernungen einen regelmäßigen Besuch des Marktes erlauben. Sie ist — wegen der zeitweise hohen Preise für Eier und Geflügel — lohnend, zum mindesten als sehr vorteilhafte Verwendung eigener Ernteerträge.

Endlich ist noch die Nutzung des „Busches" zu erwähnen. Nicht in den Siedlungsbezirken, wohl aber in den Farmbezirken kommt dieser Erwerbszweig in Betracht. In der Nähe der Städte lohnt der Verkauf von Brennholz, das sich in den Schluchten und an den Ab= hängen findet. Sonst der Verkauf des etwa vorhandenen Nießholzes, eines äußerst standhaften Holzes, das lange Jahrzehnte in der Erde stehen kann. Es wird für den Einfriedigungspfahl 1,50 Mk., für größere Pfähle bis zu 6, 8, 10 Mk. bezahlt. Von forstwirtschaftlicher Behandlung des „Busches" ist keine Rede dabei, das Holz mag wieder wachsen, wenn man nicht etwa die Bodenfläche für Weide freizuhalten beabsichtigt. In vereinzelten Fällen wird seit einigen Jahren die Gerberakazie (Blackwattel) kultiviert, aber trotz lohnender Einkünfte bislang mehr als ein erfreulicher Nebenverdienst; daß hierin vielleicht

Holzverkauf.

noch einmal eine Möglichkeit zu besserer Sicherung gegen die Wechsel=
fälle des Ackerbaues liegt, zeigt das Beispiel der Natal=Deutschen, die
mit Hilfe rechtzeitiger Blackwattelkultur die Krisis des East=Coast=
Fiebers überstehen.

<small>Sonstige Erwerbs= möglich= keiten.</small> Der Deutsche nutzt die Möglichkeiten zum Verdienst, wie sie in
seinen eigenen Fähigkeiten oder in der Besonderheit seines Platzes sich
ihm bieten, nach Kräften aus. Bisweilen liegt in der besonderen Pflege
von bestimmten Zweigen des Acker=, Garten= und Obstbaues oder der
Viehzucht lohnende Nebenbeschäftigung. Andere suchen in den weniger
eiligen Monaten mit ihren Ochsen Nebenverdienst sich zu verschaffen.
Sie kaufen billig Holz und bringens zum Markt. Oder sie fahren
Transport. Denn nicht bloß nach den Gegenden, die, wie die Einge=
borenen=Territorien, nördlich des Keiflusses, von der Bahn noch nicht
genügend erschlossen sind, sondern selbst nach einigen größeren Orten
in der Nähe des Hafens, vor allem nach King Williams Town, wird
Fracht per Achse gefahren, der Eisenbahn zum Trotz. Ferner bestand
und besteht dort die alte Bauernsitte, daß der Landmann sein eigener
Handwerker ist. Die besonderes Geschick dazu in sich verspüren, ver=
dingen ihre Kraft und Kunst, und arbeiten, je nach Bedarf, als Maler,
Maurer, Tischler gegen Entgelt zu 3,50, 5,00 und 7,50 Mk. den Tag.
Andere haben ein bestimmtes Handwerk mehr professionsmäßig aus=
gebildet und sind Bautischler, Maurer, Schmiede. Der Wagenschmied
treibt sein Gewerbe als Hauptberuf. Je nach Gunst oder Ungunst
der Geschäftslage berechnet sich der gelernte Handwerker 8—15 Mk.
Tagelohn; noch höhere Löhne in der Stadt sind Ausnahmen für be=
sonders günstige Jahre. Schuster und Schneider gibt es nicht; Kleidung
wird fertig gekauft, Flickschuster wohnen in den Marktstädten. Für selb=
ständige Bäcker, Schlachter, Sattler ist kein Bedarf. Eine andere Art
des Nebenverdienstes ist das Unterhalten eines Kramladens, in An=
lehnung an ein Großgeschäft in der Stadt. Bisweilen wirft der Laden
allerdings nur soviel ab, daß die Familie frei aus dem Laden nehmen
kann. Andere treiben Viehhandel und übernehmen somit die Rolle des
„Handelsjuden". Auch nach der Seite ist der „Jude" entbehrlich, als
einige Geschäftsgewandtere sich immer gefunden haben, die die körper=
liche Arbeit nicht schätzen, aber mit gutem Erfolge das Geldverleihen
an Landsleute und an Eingeborene zu betreiben verstehen. Daß die
Abkommen der Siedler sich zu tüchtigen Geschäftsleuten umzutun ver=
standen, sieht man auch daran, daß die größeren Geschäfte in den

"Dörfern" oder im Gebiet der Kafferlokationen bis in die Transkei hinauf zum größten Teil in deutschen Händen sind.

<small>Gründe des Erfolgs.</small>

Ich erwähnte die inneren Gründe, die den Deutschen vorwärts gebracht haben: seine Genügsamkeit, seine Sparsamkeit, seine Unverdrossenheit und Stetigkeit. Nach seiten des Arbeitsbetriebes kommt, wie mir scheint, zweierlei in Betracht, wenn wir den Gründen des Erfolges nachgehen. Einmal diese eben geschilderte Vielseitigkeit, die der Deutsche verständig ausnutzt, d. h. in der Weise, daß er sich so viel zumutet, wie er wirklich leisten kann und nicht mehr, als er neben der Hauptarbeit ordentlich durchführen kann. Es ist nicht deutsche Art, Viehzucht zu treiben und das Pflugland verwildern zu lassen, oder Transportfahrer zu werden und den Farmbetrieb zu vernachlässigen, oder Holz zu fahren und darüber die Bestellzeit verstreichen zu lassen. Vielleicht kommt erst, wenn die Söhne heranwachsen, die Zeit zu Nebenarbeiten, dann wartet man eben bis dahin. Ein anderes kommt hinzu: der Deutsche arbeitet überall selber mit. — Wohl kann man gelegentlich die Frage hören: wer denn in Deutschland die Arbeit tue, wenn es dort keine Kaffern gebe? Es ist eben im Kafferland für die grobe Arbeit, für mechanische Arbeitsleistung, für Handlangerdienste der Kaffer als Dienstbote auch der arbeitsamen Deutschen bis in die kleinsten Betriebe herunter vorhanden. Aber der Deutsche überläßt ihm nicht einfach den Arbeitsbetrieb, sondern arbeitet selbst. Er ist Aufseher, der genau anordnet, was alle Tage zu tun ist, ja mehr, er ist Vorarbeiter. Das ist beim Engländer oder Holländer nicht selbstverständlich. Besonders fällt im Vergleich mit den Weißen anderer Nationalität auf, daß auch die Frau oder die Tochter des Deutschen mitarbeitet, zumal in eiliger Zeit des Hackens oder Erntens, und daß sie — auch noch in wohlhabenderen Verhältnissen — sich selbst an den Markt setzt, um Butter, Eier, Gemüse, Fleisch zu verkaufen.

<small>Wohnverhältnisse.</small>

Es herrscht im allgemeinen das Bestreben, ordentliche Wohnhäuser zu besitzen. In diesem Streben steht der Deutsche dem Engländer auf der Farm zum mindesten nicht nach, und übertrifft er um ein bedeutendes den Holländer, wenigstens den Typus, der im Kafferlande ansässig war und ist. Mit Steigerung des Wohlstandes haben sich die meisten deutschen Familien ordentliche Häuser gebaut und diese bescheiden, aber ordentlich eingerichtet. Der Pächter wohnt wohl erst, wie die Großväter, in Lehmhütten oder in Kafferhütten, aber nur solange es unbedingt sein muß. Das Burenwohnhaus auf der Farm kann man aus der Ferne bisweilen nicht von Eingeborenenhütten unterscheiden, der Deutsche als Eigentümer baut ein sauberes, geräumiges Haus, das sich als Haus des weißen Herrn ohne weiteres dokumentiert. Die Häuser sind einstöckig, ohne Keller und Boden, mit Veranden zum Schutze der Fenster. Es wird heute aus selbstgebrannten Ziegeln mit Zementverputz, oder aus leichtem Fachwerk mit ungebrannten Lehmsteinen und mit Wellblechverschalung, oder aus selbstgebrochenen und roh behauenen Bruchsteinen gebaut. Einige Häuser modernen Stils sind — durchaus solide! — nach Art der früheren kleinen Hütten, aus Rasensoden aufgebaut. Gedeckt werden die Häuser nicht mehr mit Gras, sondern ausnahmslos mit Wellblech. Sie enthalten heute 4—6 Zimmer, darunter ein großes Eßzimmer mit langem Tisch, denn die Familie ist groß. Die Küche ist oft angebaut. Wasser liefern die gemauerte Zisterne oder die großen Tanks aus Eisenblech, die das Regenwasser auffangen. An Wirtschaftsgebäuden ist nötig: ein nicht sehr großer Vorratsschuppen — ein primitiver Stall — ein Dach für den Wagen — einige runde Flechtwerkhocken für die Maiskolben oder an deren Stelle ein soliderer Lattenraum — einige Rundhütten, etwa als kühle Vorratskammer, oder als Dienstbotenraum, vielleicht auch als Schlafstube für die Söhne — einige Kraale (Dornwälle) für das Vieh, ein Laufhof für die Schweine, vielleicht ein Dach für die Schafe, oder auch ein kleiner Verschlag für das Geflügel (wenn nicht einfach ein Baum den Hühnerstall bildet). Das milde Klima bringt es mit sich, daß alle Stallungen primitiv und beschränkt sind. Immerhin werden sie einigermaßen in ordentlicher baulicher Beschaffenheit gehalten.

Freiheitsdrang. Um freie Leute auf eigenem Lande zu werden, sind die Alten aus engen Verhältnissen hinausgezogen. Sie haben sich die freieren Verhältnisse sauer erarbeitet, aber genießen nun auch das, was sie erhofften. Nun können sie es selbst mit Stolz empfinden, daß der Bauer, wenn auch immer Arbeit auf dem Platze ist, doch sein eigener Herr ist. Die jungen Bursche gehen wohl einige Jahre in die Polizeitruppe, wo sie wegen ihrer Sprachkenntnisse — sie können bisweilen kaffrisch, holländisch, englisch und deutsch — gern genommen werden. Aber trotzdem die Schulbildung in neuerer Zeit gar nicht so schlecht ist, wenden sich die Söhne der deutschen Landleute keinem Berufe mit Beamtenstellung zu, etwa im Eisenbahn- oder Postfach, oder im Schuldienst. Höchstens daß einmal einer eine Stelle in der Stadt annimmt, als Aufseher über eine Abteilung von Eingeborenen, oder als Gehilfe im Geschäftshause, mit Aussicht, Lagerist, Packer oder dergleichen zu werden. Gewiß sind ja im Laufe der Jahrzehnte viele in die Städte gedrängt, die als überschüssiger Teil der Landbevölkerung dort als Handwerker, Geschäftsleute auch in abhängigen Stellungen ihr Brot verdienen müssen. Ich brauche auf solche städtische Verhältnisse nicht einzugehen; es ist selbstverständlich, daß dort Beamtenstellungen und Dienstleistungen aller Art übernommen werden, und es ist natürlich, daß in der Stadt auch ein gewisses Proletariat sich sofort bildet, ungelernte Arbeiter, die entweder als Vorarbeiter oder oft genug auch als einfache Arbeiter mit den Eingeborenen zusammen zu arbeiten haben. — Die Selbstverwaltung ist stark ausgeprägt. Die Farmer wählen zum Divisional Council, in dem auch eine Reihe Deutscher sitzen. Von den Siedlungsplätzen sind nur wenige, auf die der „Village Act" nicht angewandt ist. Fast alle sind sie zu einer „Village" zusammengeschlossen und wählen ihren „Board", der die Weide und andere dörfliche Angelegenheiten ziemlich selbständig verwaltet. Auch in die kirchliche Freiheit haben sich die Emigranten nach einer Anfangsperiode des Probierens und Gewöhnens hineingefunden. Die Hälfte von ihnen gehört zur Baptistengemeinde und steht im Verband mit der englischen Baptistenkirche. Die anderen sind bei der evangelisch-lutherischen Kirche geblieben; diese Gemeinden haben sich nach und nach dem Landeskonsistorium der Hannoverschen Landeskirche unterstellt, ohne das Prinzip der Freiwilligkeit und der Selbstverwaltung aufzugeben. Die Schulangelegenheiten werden neuerdings von einer Distriktschulbehörde geleitet. Leider nutzen die Deutschen in ihren Dörfern und Ortsschulverbänden die den lokalen Behörden belassenen Freiheiten und immerhin nicht unwesentlichen Rechte nicht genügend zur Wahrung der deutschen Sprache aus. Politisch besteht kein geschlossenes Eintreten der Deutschen für eine der Parteien, die britische oder die burische. Die meisten fühlen sich als gute Afrikaner zu der letzteren, als der Vertretung der Landesinteressen, hingezogen; doch hat auch erstere ihre Anhänger, wiewohl sie ihre Geringachtung für die Deutschen und ihren Haß gegen jede Regung deutschen Selbstbewußtseins mehr als einmal in Rede und Handlungsweise gezeigt hat.

Den Beweis, daß Südafrika als Siedlungsland für die weiße Rasse physisch möglich war, haben nicht erst die Deutschen in Kaffraria zu bringen brauchen; es war längst vorher ausprobiert. Doch wollen wir der Vollständigkeit halber auch diesen Punkt mit erwähnen. Man braucht nur etwa am Sonntag die versammelte Kirchgemeinde anzu-

<small>Physische und ethische Lebensbedingungen.</small>

sehen und die Scharen junger Leute darin; man braucht nur in die
Häuser hineinzugehen und überall die Reihe der Kinder auszuzählen,
dann hat man den Beweis vor Augen, daß Kaffraria ein lebens- und
fortpflanzungsfähiges Geschlecht beherbergt. Es ist der allgemeine
Eindruck, daß die in Afrika herangewachsene Generation stattlicher ist
als die ausgewanderte, größer an Wuchs und feiner an Körperbau.
Ich kann nicht sagen, ob die klimatischen Einwirkungen das hervor-
gerufen haben, oder ob etwa die Hebung der äußeren Lage auf den
Körperbau günstig eingewirkt hat. Die Sterblichkeit ist entschieden geringer als hier — es stehen mir hierfür keine statistischen Tabellen zur
Verfügung, ich kann nur wiedergeben, was mein eigener und mancher
anderer Eindruck war —; der Gesundheitszustand ein besserer; der
Prozentsatz der Alten ein größerer. Dazu mag mitwirken: klimatische
Verhältnisse — freiere Arbeitsbedingungen — und eine im ganzen genommen zuträglichere und geruhigere Lebensweise. Es fehlt die
dumpfe, verräucherte Wirtshausstube, in der Abende und Sonntagnach-
mittage zugebracht werden (leider in manchen Dörfern und Familien
nicht die Trunksucht!), es fehlt der Verein mit den abendlichen Zu-
sammenkünften und es fehlen die öffentlichen Lustbarkeiten. Das
Familienleben ist dafür so viel ausgeprägter. Sonntags nachmittags
besucht man sich untereinander; bisweilen wird in den Häusern ein
Tänzchen für die Jugend arrangiert. Es wird jung geheiratet, was eine
gesunde, natürliche Sittlichkeit zur Folge hat. Im ganzen herrscht
noch die ernster gerichtete, fromme Lebensweisheit des deutschen Bauern
vor, doch ist nicht zu leugnen, daß die Oberflächlichkeit „kolonialer"
Denkweise einzureißen droht und die Wurzeln der Kraft zu zerstören
beginnt, die die deutsche Siedlung in Kaffraria groß und stark gemacht
haben. Die deutsche Kirche ist in Südafrika der Hauptfaktor zur Er-
haltung des Deutschtums. Sie ist darum nicht bloß in deutsch-völki-
schem Sinne, sondern auch in recht verstandenem Landesinteresse von
allergrößter Bedeutung, wenn sie die Kräfte rein erhält, die ihre hohe
Bedeutung für die kulturelle Entwicklung und Hebung des Landes er-
wiesen haben. —

8. Schwarz und Weiß.

Ein-geborenen-rassen. Es ist noch das Wichtigste über die Beziehungen der Rassen im
Siedlungsgebiet zu besprechen. Es kommen eigentlich nur die Bantu-
stämme (Fingo, Xosa) neben den Weißen in Betracht. Die helleren

Stämme, ursprüngliche und entartete Hottentotten, waren nach der letzten Zählung im alten Kaffraria, d. h. in den vier Distrikten East London, King Williams Town, Stutterheim, Komgha mit 584, 804, 190, 30 Individuen vertreten, oder mit noch nicht 1 % der Bevölkerung. Wir können erwähnen, daß unter den Hottentotten gelernte Arbeiter sind, die sogar gelegentlich als selbständige Unternehmer auftreten und — wenn auch in kleinerem Maße — Maurer-, Tischler- und Malerarbeiten übernehmen. Asiaten sind auch nur in geringer Zahl vorhanden. An Malaien sind 4, 19, 1, 0 gezählt; die übrigen Asiaten in den als „Mixed and other" Rubrizierten zu suchen: 1550, 743, 147, 44. Das macht für East London 3 %, für den übrigen Teil etwa 1 %. Es scheint das Vorhandensein von Kleinsiedlungen vor dem Aufschwung der Städte mitgewirkt zu haben, die Asiaten hier fernzuhalten. Die Deutschen, auf der Suche nach neuen Erwerbsquellen, hatten den Kleinhandel zeitig mit Beschlag belegt.

Wir erwähnten, daß die Deutschen seinerzeit in ein entvölkertes Kafferland einzogen. Aber dieselbe Erfahrung, die man auch in anderen Gegenden (z. B. Natal) mit der Bantubevölkerung gemacht hat, ist auch in Kaffraria zu beobachten. Unter der Herrschaft der Europäer nimmt ihre Zahl in raschem Wachstum zu. Die geordneten Verhältnisse, der gedeihliche Friede lassen die Lebenskraft sich ungehindert entfalten. Es sind ja allerdings die Krankheiten der Kulturvölker (Schwindsucht usw.) hemmend in ihren Volkskörper eingedrungen, aber vorherrschend ist doch seit der Siedlungszeit das Wachstum der Volkszahl gewesen.

Zahlenmäßig stehen in den Distrikten der deutschen Siedlungen die Weißen und die Bantu (Kaffern und Fingoes) sich so gegenüber: King Williams Town 10 250 Europäer und 92 000 Bantu, East London 19 800 und 27 800; Stutterheim 2200 und 9700. Nach absoluter Zahl der Weißen steht East London an vierter, King Williams Town an zehnter Stelle in der Reihe der Distrikte; nach Kopfzahl auf die Quadratmeile East London an dritter, King Williams Town an siebenter Stelle. Nach absoluter Zahl der Eingeborenen steht Distrikt King Williams Town an der Spitze aller 108 Distrikte der Kapkolonie, einschließlich der Eingeborenen-Territorien; und nach Kopfzahl auf die Quadratmeile berechnet zählt King Williams Town noch mehr Eingeborene wie die engstbevölkerten Eingeborenen-Reservate Transkei und Tembuland im Durchschnitt. Es ist das alte Kaffraria also deshalb interessant, weil

Zahl der Eingeborenen.

es bei relativ sehr hoher Zahl der Weißen höchste Zahl der Eingeborenenbevölkerung besitzt.

Rassenreinheit.

Dazu fallen die Distrikte durch Rassenreinheit auf. Bei einem ersten Besuche der Haupthafenstädte Südafrikas fällt der Unterschied sofort ins Auge. Die Ziffern erhärten es. Es sind „Mixed and other" in East London nur 3,12 %, in King $3/4$ % der Gesamtbevölkerung des Distrikts. King Williams Town rangiert demnach an Reinheit der Rasse mit den Eingeborenen-Territorien. Man vergleiche damit, daß der entsprechende Prozentsatz für „Mixed and other" im Westen bis auf 40, 50, ja in einem Falle 64 steigt. Eine physische Verbindung mit den Eingeborenen kommt in Kaffraria also nur als Ausnahme vor. Mischehen sind ja gesetzlich gestattet, kommen aber zwischen Deutschen und Kaffern nicht vor, höchstens einmal mit Hottentotten. Auch außereheliche Vermischung mit Eingeborenen ist selten. Die in den Distrikten gezählten „Hottentotten" sind vielfach Mischrasse, aber fast durchweg älteren Datums. Durch die Einwanderung der Deutschen ist die Mischrasse nur in verschwindend-kleiner Zahl vermehrt. Das Fehlen physischer Verbindung mit den Eingeborenen entspringt dem Selbstbewußtsein der weißen Rasse, das in den Deutschen lebendig geblieben ist, und ist zugleich wiederum ein Beweis für den guten Familiensinn und die gesunden sittlichen Verhältnisse in ihren Kreisen.

Formen der lokalen Rassenmischung.

Die lokale Vermischung der Rassen nimmt verschiedene Formen an. Zunächst haben die Eingeborenen ihre bestimmten Reservate und Lokationen. Es sind zwischen den für weiße Besiedlung ausgegebenen Landstrecken hin und her größere Wohnbezirke für die Schwarzen gelassen. Da haben sie ihre Gemeindeweide, da erbauen sie sich ihre Hütten und hacken oder pflügen sich ein Stück Land für Mais. Für die Hütte wird 10 Mk. Taxe bezahlt. Reibereien zwischen Schwarz und Weiß bleiben an den Grenzen nicht aus, denn nicht immer respektieren die Kaffern die genauen Grenzen der Weideplätze und Jagdgerechtsame, und Übergriffe in die Maisfelder oder in die Schafherden kommen auch alle Jahre vor. Innerhalb der Reservate darf sich der weiße Privatmann nur als Kaufmann mit Erlaubnis des zuständigen Chief niederlassen; Missionsstation, Kirche und Schule kann daneben natürlich in Frage kommen. Diese Lokationen sind eine Erinnerung an ehemalige Selbstherrlichkeit, sind die Reste des Landes, welches seit Beschränkung ihrer Freiheiten und Gerechtsame in den 50er Jahren ihnen verblieben ist. Die Chiefs in diesen Reservaten sind keine Häuptlinge im alten Sinne mehr. Anfänglich hatte man nach der Annexion die Kafferfürsten mit ihrem Einfluß in Regierungsdienst genommen, nach dem Aufstand von 1878 ist der letzte Rest der Häuptlingswürde dahin. Heute sind überall die ordentlichen Gerichte und Distriktsverwaltungsbehörden an die Stelle getreten, und die Chiefs repräsentieren etwa das Amt von Gemeindevorstehern. — In den Stadtgebieten sind entsprechend besondere Stadtteile, Lokationen, vor der Stadt oder in ihrer unmittelbaren Nähe, für die in der Stadt beschäftigten Arbeiter ausgelegt.

Nur ein Teil der Eingeborenen wohnt in den Reservaten. Viele ziehen es vor, auf den Plätzen der Weißen zu wohnen. Jeder Weiße, der nur etwas Landbesitz hat, hat seine Arbeitskaffern nötig. So siedeln sich eine Reihe von Familien als Knechte oder als Tagelöhner auf den Plätzen der Weißen an. Der Eingeborene erhält etwa Wohnrecht, Weiderecht und dazu Lohn. Ein Stück Land, bisweilen auch ein Stück Vieh, wird auf seinen Lohn angerechnet, oder für die Arbeitsleistung eines jüngeren Familiengliedes gegeben. Der Knecht erhält nach Alter und Arbeitsleistung 5—20 Mk., erwachsene Mädchen und Frauen als Mägde 5—12 Mk., Kinder zum Viehhüten bis zu einigen Mark im Monat. Auf Tagelohn verdient der Mann 0,75—2,50 Mk., die Frau 0,50—1,00 Mk. den Tag. Das Halten von Arbeitskaffern auf den Plätzen ist gesetzlich geregelt und die erlaubte Zahl nach Größe des Platzes abgestuft. Vielfach wohnen die Eingeborenen auch als Pächter, seltener als Beibauern, auf den Plätzen der Weißen. Sie zahlen für Mitbenutzung der Weide und für ein Stück Land etwa 200 bis 300 Mk. Pacht; der Weiße rechnet darauf, daß er zum mindesten für eilige Zeiten Arbeitskräfte auch aus diesen Familien ziehen kann. Wer mehr als die gesetzlich ihm zugestandene Zahl von Kafferfamilien auf seinem Platze wohnen haben will, läßt sich vom Kreisausschuß eine Privatlokation genehmigen. Der Weiße tritt der Regierung gegenüber für die Hüttentaxe ein.

Endlich kommt auch der Fall nicht selten vor, daß der einzelne Eingeborene Grundbesitzer wird. Vereinzelt sind sie sogar Besitzer von Farmplätzen. Häufiger sind kleinere Siedlungsplätze durch Kauf in ihre Hand übergegangen. In Gegenden, wo die deutschen Kleinsiedler zu weit vom Markt wohnten, um bestehen zu können (Bell, Bodiam), aber auch in der Nähe von King Williams Town (Breitbach, Debe-Ebene) sind Schwarze Käufer und Eigentümer von Siedlungsplätzen geworden. Da vor dem Gesetz der Schwarze gleiche Rechte hat, sitzt er in diesen Villages auch gelegentlich mit dem Weißen zusammen im Village Board. Solche Zustände gemahnen gewiß daran, daß theoretisch der Weiße in Kaffraria in Gefahr ist, von der niederen Rasse verdrängt zu werden. Aber der Unterschied ist doch noch zu groß, der Durchschnittseingeborene noch zu unselbständig und abhängig, noch zu wenig konkurrenzfähig, als daß in absehbarer Zeit diese Gefahr der Verdrängung ernstlich in Frage käme; praktisch bleibt sie beschränkt auf die Bezirke, in denen die Verhältnisse für den Weißen irgendwie ungünstig liegen (Kleinheit der Plätze, schlechter Boden usw.).

Konkurrenz der Rassen.

Ich will auf Beispiele von mangelnder Konkurrenzfähigkeit hinweisen. Der Kaffer auf dem Lande treibt neben Viehzucht (Rindvieh, Ziegen, Schweine) etwas Ackerbau. Er könnte auf dem Land, das ihm in den Reservaten zur Verfügung steht, in Durchschnittsjahren genügend Mais für seinen Bedarf ernten. Es liegt in den Reservaten zum Teil sehr gutes Ackerland. Aber der Kaffer arbeitet nicht rationell. Der Mann pflügt, oder die Frau hackt ein Stück Land; dann wird Mais eingelegt und bis zur Ernte so gut wie nichts daran getan. Natürlich verkrautet der Mais und vertrocknet, sobald der Regen nachläßt. So bleibt der Eingeborene auch in günstigen Jahren abhängig vom Weißen, er muß kaufen. — Vielleicht erntet ein Eingeborener. Er versteht am Ende etwas rationeller zu wirtschaften; er wohnt vielleicht bei einem Weißen, dessen Vorbild im Ackerbau er nachahmt oder der ihn zum bessern Bewirtschaften seines Landes anhält; oder er wohnt bei einer Missionsstation, in deren Gebiet man auch oftmals leidlich bearbeitete Felder sieht. Dann zeigt sich die Konkurrenzunfähigkeit wieder in der Verwertung der Ernteerträge. Er verkauft gleich, was er zu verkaufen hat. Er verkauft seinen Hafer für 1,00—1,50 Mk., der Weiße wartet und verkauft für 4—6 Mk. Er verkauft seinen Mais für billiges Geld, und hernach kommt er zu kurz und kauft teuer wieder. — Auch die Vorliebe für das Vieh hält den Kaffer zurück. Er legt etwa erübrigtes Geld in Vieh an, statt es zur Sparkasse zu bringen. Das Bargeld in der Hand des Kaffern würde dem Weißen gefährlich werden können, Vieh ist ein unsicherer Besitz, und Viehhandel kommt dem Weißen nur zugute. — In seiner Arbeitsleistung ist der Kaffer unselbständig. Er besorgt das Vieh, kann bei guter Anleitung ein brauchbarer Knecht oder Handlanger werden; aber die sind selten, die mit Nachdenken arbeiten, oder die selbst die Arbeit sehen, die zu leisten ist, die im Handwerk sich über Handlangerdienste aufschwingen und selbständig Arbeiten ausführen oder übernehmen könnten. — Um auf das Wichtigste hinzuweisen: der Kaffer arbeitet nicht aus irgendwelchen weiterschauenden Gründen (geschweige denn aus dem Gefühl für irgendwie ethische Werte in der Arbeit), sondern nur aus dem Bedürfnis des nächsten Augenblicks, um das im Augenblick nötige Geld zu beschaffen. Wenn er Geld nötig hat, etwa zur Bezahlung von Abgaben, zum Einkauf von Kaffee, Zucker, Mais, Zeug, zum Bezahlen seiner Pacht, zur Beschaffung von Ochsen für den Frauenkauf, dann gehen soviel Glieder der Familie auf Arbeit beim Farmer, in der Stadt, in den Minen, wie nötig sind, um das nötige Geld zu beschaffen. So lange der Kaffer noch nicht arbeitet wie der Deutsche, hat dieser wirtschaftlich nichts von ihm zu befürchten.

Aus dem Gesagten geht hervor, daß der weiße Siedler die Schwarzen direkt und indirekt zu seinem Vorteil ausnutzt. Direkt als seine Arbeitskräfte, indirekt im geschäftlichen Handelsverkehr aller Art. Man benutzt jede sich bietende Gelegenheit, mit dem Eingeborenen zu handeln, ihm Mais, Bohnen, Kafferkorn, Ziegen, Ochsen zu verkaufen, und Häute, Schweine, Hühner, Ochsen als Zwischenhändler von ihm zu erstehen. Auf solche Weise kommt auch das Geld, das der Kaffer außerhalb Kaffrarias verdient, dem Weißen im Heimatdistrikte zugute. Der Kaufmann oder der Farmer bekommen es für Waren, für Vieh, für Pacht. Und wenn der Weiße in Kaffraria sein Urteil über die Zahl der Eingeborenen abgeben soll, dann wird er im allgemeinen nicht das Gefühl haben, von einer Überzahl erdrückt zu werden. Nein, es müssen viel Eingeborene da sein, damit er an ihnen verdienen kann und damit von dem Prozentsatz der Arbeitswilligen unter ihnen der Anteil auch für ihn abfalle, den er haben muß, damit seine Wirtschaft ungehemmten Fortschritt nehmen kann.

Abschließende Erwägungen.

Es läßt sich nicht leugnen, daß die Ansiedlung von Deutschen in Kaffraria ein Erfolg gewesen ist. Nach beiden Seiten: sowohl für die auswandernden Familien, von denen eine Menge das Ziel erreicht haben, in eine sozial höhere Schicht, aus dem ländlichen Arbeiterstand in den Bauernstand, einzurücken, als auch für das Land, denn die Gegend des alten Kaffraria gehört zu den höchstkultivierten Distrikten Südafrikas. Theal, der Historiograph Südafrikas, urteilt: „Keine

besseren Ansiedler hätten ins Land gebracht werden können. Durch ihren Fleiß gelangten sie im Verlauf weniger Jahre zu einem beträchtlichen Viehbestand und brachten ihre kleinen Farmen zu einem hohen Stand der Kultur. Als Gemüsebauern für den Markt waren sie unerreicht in Südafrika. Mäßig, nüchtern, fleißig und fromm, haben sie in hohem Maße zum Gedeihen der Provinz Kaffraria beigetragen."
Aber selbst wenn man alle die im Verlaufe der Zeit von den Siedlungsstätten aus erschlossenen Möglichkeiten des guten Fortkommens direkt mit in den Erfolg der Siedlung hineinbezieht, bleibt das Gefühl, daß es Wagstück war, soviele Familien auf Hoffnung in ein fremdes Land zu verpflanzen. Ich habe nie über das Empfinden hinwegkommen können, als wirke hier doch noch eine Anschauung nach, über Menschen verfügen zu können, die zu dem sozialen Empfinden unserer Tage und zu unserer Auffassung der Menschenrechte nicht mehr passen würde. Aber wenn sich heute weder die Schiffsladungen voll Menschen finden würden, die das Vorbild jener Auswanderer nachahmen wollten, noch die Regierung, die jene Siedlungspolitik noch einmal nach Form und Bedingungen wieder versuchen könnte, so erfüllt es uns beim Rückblick auf die Geschichte der deutschen Siedlung im Kafferland doch mit einer freudigen Genugtuung, daß die Erwartungen erfüllt sind, die Sir George Grey hegte, als er gerade Deutsche rief, die Kolonie zu kultivieren.

Anhang.

1. Bedingungen für die Bildung einer militärischen Niederlassung in Britisch-Südafrika 1856.

War Department 24th Sept. 1856.

1. Die Offiziere, Unteroffiziere und Soldaten der Britisch-Deutschen Legion, können entweder die Vollziehung der Kapitulationsartikel, unter denen sie in den Dienst Ihrer Majestät eingetreten sind, verlangen, oder
2. sie können unter nachstehenden Bedingungen als Militärkolonisten nach dem Kap der Guten Hoffnung und Britisch-Kafferland geschickt werden.

I. Pflichten.

3. Sie sind vom Tage ihrer Landung in Südafrika und auf sieben Jahre nach ihrer Niederlassung zum Dienst als Militärkolonisten wie folgt verpflichtet:

Erstens: Sie haben den Angriffen eines Feindes Widerstand zu leisten oder die Zivilgewalt zu unterstützen.

4. Zweitens: Sie haben sich zu den Übungen an den Tagen zu stellen, welche der Gouverneur für die ersten drei Jahre festsetzen wird (nicht über 30 Tage in irgendeinem Jahre) und sich jeden Sonntag zur Kirchenparade einzufinden.

5. Drittens: In den letzten vier Jahren haben sie den Übungen an denjenigen zwölf Tagen in jedem Jahre beizuwohnen, welche der Gouverneur festsetzen wird, und sich jeden Sonntag zur Kirchenparade einzufinden.

II. **Königliche und Kolonialverpflichtungen den Militärkolonisten gegenüber.**

6. Für die vorerwähnten Dienste werden die Offiziere, Unteroffiziere und Soldaten, welche dazu bereit sind und dafür geeignet gefunden werden, unentgeltlich nach Südafrika geschafft. Während der Reise erhalten die Offiziere eine Messe und die Soldaten ihre Verpflegung. Sie werden ihre Waffen, Ausrüstungsgegenstände, Uniformen und Lagergerät mitnehmen und für die Reise mit einem leinenen Rock und Hosen versehen werden.

7. Sie werden vom Tage ihrer Landung an und für ein Jahr nach geschehener Niederlassung freie Ration oder eine Geldzulage von gleichem Werte erhalten.

8. Sie erhalten Sold bis zum Tage der Einschiffung.

9. Vom Tage der Landung in Südafrika und auf drei Jahre vom Tage ihrer Niederlassung an werden sie folgenden Sold beziehen:

    Feldwebel . . . . 1 sh 02 d jeden Tag
    Sergeant . . . . 0 sh 11 d „ „
    Korporal . . . . 0 sh 08 d „ „
    Soldat . . . . 0 sh 06 d „ „

(Trompeter und Hornisten ebenso wie Soldaten.)

10. Wenn sie zum Dienst gegen den Feind im Felde oder zur Unterstützung der Zivilgewalt aufgeboten sind, wird der Sold aller Grade zu denjenigen erhöht, welchen Ihrer Majestät Truppen beziehen. Diese Ausgaben werden aus Kolonialfonds bestritten,

im Falle ihre Dienste von der Zivilgewalt, und aus königlichen Fonds, wenn sie gegen den Feind verwendet werden.

Pensionen.

11. Jeder bei der Verteidigung der Kolonie verwundete oder unbrauchbar gewordene Militärkolonist, er mag Offizier, Unteroffizier oder Soldat sein, soll die Vergütung erhalten, welche für die in Ausübung des Dienstes empfangenen Wunden durch die in der Kolonie krafthabenden Bestimmungen festgesetzt ist.

12. Jeder Mann wird einen Vorschuß von 5 £ erhalten, um sich mit Kochgerätschaften und Werkzeug zu versehen. Dieser Betrag ist während des zweiten und dritten Dienstjahres zurückzuzahlen.

13. Jeder Unteroffizier oder Soldat, der in einer Stadt angesiedelt wird, die bereits eine europäische Bevölkerung hat, soll ein Grundstück (Building lot) erhalten, um darauf ein Haus zu errichten. Wer in einem Dorfe oder einer Niederlassung angesiedelt wird, soll außer dem Grundstück (Building lot) einen Acker Gartenland erhalten.

14. Die Mannschaften werden dieselben Rechte bezüglich der Gemeinde-Weideplätze haben, wie die übrigen Einwohner des Ortes, wo sie angesiedelt sind.

15. Die Einzelheiten der Ansiedlung der Truppen werden durch deren eigene Offiziere, durch welche eine Art von Ortsbehörde gebildet werden kann, geleitet.

16. Jeder Unteroffizier und Soldat ist verpflichtet, ein Haus auf dem Grundstück zu erbauen, welches ihm angewiesen worden ist. Zu diesem Zwecke werden

        für einen Unteroffizier .   20 £
        für einen Soldaten . . . . 18 £

bewilligt, die unter Anleitung derjenigen Offiziere der Truppe, welche für diesen Zweck angestellt sind, verwendet werden.

17. Sein Haus und Land soll während der siebenjährigen Dienstzeit steuerfrei bleiben, vorausgesetzt, daß er die ihm zur Richtschnur gegebenen Regeln und Vorschriften befolgt und sich dem im Artikel 23 Vorgesehenen unterwirft.

18. Das Haus muß nach der Erbauung im guten Zustande erhalten werden, ohne daß dem Staate Kosten daraus erwachsen.

19. Bis zur vollendeten Erbauung der Häuser werden den Leuten ihre Zelte oder Hütten, die aus einem zur Hand befindlichen Material flüchtig zu errichten sind, überlassen.
20. Nach Verlauf von sieben Jahren — vom Tage der Niederlassung an — werden das Land, die Gebäude und die daran angebrachten Verbesserungen unbedingtes Eigentum des Militärkolonisten, vorausgesetzt, daß er die Bedingungen seines Vertrages erfüllt hat. Er wird dann keinem weiteren Militärdienste unterworfen, als dem, welcher von den andern Ansiedlern zur Verteidigung des Landes gefordert wird.
22. Die Beerdigungskosten eines Mitgliedes der Truppe, das während der Zeit seines Militärdienstes sterben sollte, werden von der Königl. Regierung getragen. Die Kosten dürfen in keinem Falle den Betrag einer Guinea übersteigen.
23. Während des siebenjährigen Militärdienstes sind die Ansiedler denjenigen Bestimmungen unterworfen, die der Gouverneur zu ihrer Kontrolle geben wird. Für geringere Vergehen können Geldstrafen unter derselben Autorität auferlegt werden; für bedeutendere Vergehen kann ein Offizier oder Mann auf Befehl des Gouverneurs aus der Truppe ausgestoßen werden. Eine solche Ausstoßung wird den Verlust des Hauses und Landes und aller anderen Privilegien, deren er sich als Militärkolonist erfreuen mag, nach sich ziehen.

Verheiratete Leute.

24. Die Frauen und Familien von Unteroffizieren und Soldaten werden in Beziehung auf Überfahrt und Verpflegung unentgeltlich nach Südafrika geschafft. Sie können in Ansiedlungen, in denen es der Gouverneur der Kolonie für erforderlich halten mag, während des ersten Jahres oder eines Teiles davon mit Rationen versehen werden.
25. In jeder Ansiedlung besteht entweder schon oder wird noch errichtet werden ein temporäres Unterkommen für die Familien der Leute und für die sichere Aufbewahrung der Waffen und Vorräte.
26. Wenn ein verheirateter Kolonist sterben sollte und eine Witwe oder Familie hinterläßt, so werden sein Land, seine Gebäude und die daran angebrachten Verbesserungen nach dem Kolonial-

Erbschaftsgesetz ihr Eigentum, und zwar selbst dann, wenn der Verstorbene nicht die ganze Periode seines Militärdienstes erfüllt hat.

27. Die Frauen und Kinder von Unteroffizieren und Soldaten, welche sich jetzt in Deutschland befinden, sollen von Hamburg, Bremen, Rotterdam oder Ostende auf öffentliche Kosten hergebracht werden, um ihre Männer und Eltern nach Südafrika zu begleiten, vorausgesetzt, daß sie hier zeitig genug eintreffen, im anderen Falle werden sie nachgeschickt werden, sobald Gelegenheit dazu ist.

28. Dieselbe Vergünstigung soll auf diejenigen Bräute von unverheirateten Unteroffizieren und Soldaten ausgedehnt werden, welche sich ihrem Kommandeur gegenüber über das Bestehen der Verlobung ausweisen können.

Offiziere.

29. Eine beschränkte Anzahl von Offizieren soll ausgewählt werden, um die Truppen zu begleiten und einen Teil derselben zu bilden, nämlich:

    1 Stabsoffizier auf 1000 Mann,
  15 Kompanieoffiziere auf 1000 Mann,
    3 Ärzte,
    1 Offizier, zum Stabe gehörig, als Zahlmeister und Quartiermeister.

30. Die Offiziere werden vom Tage ihrer Landung in Südafrika und für drei Jahre nach ihrer Niederlassung die Hälfte ihres gegenwärtigen Gehaltes beziehen, ausgenommen, wenn sie zum aktiven Dienste im Felde aufgerufen werden, in welchem ihre Einnahme zum vollen Gehalt und den Zulagen ihres Ranges erhöht werden. (Vgl. Artikel 10.)

31. Jeder Offizier soll ein Grundstück zur Anlage von Gebäuden und Gärten von wenigstens doppelter Ausdehnung erhalten als Unteroffiziere und Soldaten.

32. Anstatt der Barrack- oder Hausrente wird jeder Offizier zur Anlegung von Gebäuden auf seinem Land einen Betrag nach folgender Skala erhalten:

Stabsoffizier . . . . . 200 £
Hauptmann . . . . . 150 „
Subaltern . . . . . 100 „

welche Beträge von Termin zu Termin je nach dem Fortschritte des Gebäudes bezahlt werden.

33. Über die öffentlichen Ländereien in der Kolonie wird nur durch Kauf verfügt, inzwischen soll den Offizieren, welche unter den gegenwärtigen Bedingungen dorthin gehen, beim Ankaufe solcher Ländereien ein Erlaß (remission) an Kaufgeld nach folgender Skala bewilligt werden:

Stabsoffiziere . . . . . 300 £
Kapitäne . . . . . . 200 „
Subalterne . . . . . . 150 „

34. Ein Offizier, welcher nach Ablauf der ersten drei Dienstjahre oder früher die Absicht andeuten sollte, seine Dienste nicht über besagte Periode von drei Jahren auszudehnen, soll sein Haus verlieren sowie denjenigen Teil seines Landes nebst den daran bewirkten Verbesserungen, der von der freien Verleihung durch die Regierung herstammt oder als Äquivalent des im letzten Paragraphen erwähnten Remissionsgeldes zugestanden worden ist. Alles dies soll der Krone anheim fallen.

35. Jeder Offizier, welcher fortfährt, während der noch verbleibenden vier Jahre des Engagements zu dienen, soll bezüglich des Dienstes und Gehaltes denselben Bedingungen, welche bereits für Unteroffiziere und Soldaten vorgesehen sind, unterworfen sein — infolge hiervon soll jeder Offizier nach Ablauf voller sieben Jahre sein Haus und Grundstück sowie dasjenige Land, welches er auf Grund des Artikels 33 erworben hat, als absolutes Eigentum verbrieft erhalten.

Verheiratete Offiziere.

36. Verheirateten Offizieren ist es gestattet, ihre Frauen und Familien mit nach Südafrika zu nehmen, und zwar unentgeltlich in bezug auf Überfahrt und Verpflegung, und einer jeden Familie wird auf Verlangen die Überfahrt für ein unverheiratetes Dienstmädchen gestattet werden.

37. Die Witwen und Kinder von Offizieren werden das Land und

Eigentum ihrer Gatten und Eltern ebenso wie die der Unter=
offiziere und Soldaten erben. (Siehe Artikel 26.)
38. Während ihrer Dienstzeit sind die Offiziere verpflichtet, ihre
militärischen Obliegenheiten zu erfüllen und die Einzelheiten
der Ansiedlung ihrer Leute zu leiten.

(Gez.) P a n m u r e.

R. v. S t u t t e r h e i m.

Bemerkungen: 1. Die Regimentsstärke (§ 29) wurde im letzten Augenblick noch herabgesetzt. 2. Einer Reihe von nicht etatsmäßigen Oberleutnants und Leutnants wurde gestattet, als „Gentlemen Cadets" mitzugehen. Sie hatten Dienst nach ihren Patenten zu leisten, bekamen aber nur die Bezüge eines Feldwebels.

2. Stationen der militärischen Ansiedlung 1857.

Bemerkung: Das englische „Lieutenant" ist dem tatsächlich bekleideten Range entsprechend mit „Oberleutnant", „Ensign" oder „Cornet" mit „Leutnant" wieder= gegeben.

I. Regiment.

Hauptquartier: Wooldridge (früher Pato's Kraal).

Stab:
- Oberst Wooldridge.
- Hauptmann Dumaresq (Zahlmeister).
- Garnisonsprediger Oppermann.
- Stabsarzt Dr. Samoje.
- Apotheker Schneider.

Wooldridge (früher Pato's Kraal).
Major Crompton,
Oberleutnant Schmid, mit ungefähr 100 Mann.

Bodiam (früher Mandy's Farm).
Hauptmann v. Brandis, mit ungefähr 100 Mann.

Hamburg (früher Keiskama Mouth).
Hauptmann Baron De Fin,
Oberleutnant Göldner, mit ungefähr 100 Mann.

Bell (früher Tovi).
Hauptmann v. Neviadomski, mit ungefähr 80 Mann.

Fort Peddie.
Hauptmann Valentine, mit ungefähr 50 Mann.

East London.
Major Keßler,
Oberleutnant Bauer,
Leutnant Döfel, mit ungefähr 150 Mann.

Cambridge.
Hauptmann La Croix, nach dessen Tode Leutnant Döfel mit ungefähr 100 Mann.

Britisch-Kaffraria und seine deutschen Sieblungen. 77

Panmure.
Hauptmann Mischke.
Leutnant Esselen, mit ungefähr 100 Mann.

II. Regiment.
Hauptquartier: Berlin.

Stab:
- Oberst-Leutnant v. Hake.
- Oberst-Leutnant Humfrey (Zahlmeister).
- Garnisonsprediger Wilmans.
- Stabsarzt Dr. Lüntzel.
- Apotheker Brauns.

Potsdam.
Major Scott, mit ungefähr 100 Mann.

Berlin (früher Umhala).
Hauptmann Graf v. Lilienstein.
Oberleutnant Graf v. Rounow, mit ungefähr 100 Mann.

Hannover.
Hauptmann v. Brandis, mit ungefähr 100 Mann.

Mariental.
Hauptmann Mehlis, mit ungefähr 50 Mann.

Wiesbaden.
Hauptmann v. Linsingen, mit ungefähr 100 Mann.

Breidbach.
Hauptmann v. Gönner.
Oberleutnant Gropp, mit ungefähr 80 Mann.

King Williams Town.
Major Wohlfahrt.
Oberleutnant Berg, mit ungefähr 80 Mann.

III. Regiment.
Hauptquartier: Stutterheim (früher Dohne-Post).

Stab:
- Oberst-Leutnant Kent Murray.
- Hauptmann Maxwell (Zahlmeister).
- Garnisonsprediger A. Kropf, Missionar der Berliner Mission, Bethel.
- Stabsarzt Dr. Dankwarts.
- Apotheker Müller.

Grey Town.
Major v. Classen, mit ungefähr 100 Mann.

Stutterheim (früher Dohne-Post).
Hauptmann Schulz.
Hauptmann Goutar.
Oberleutnant de Packh, mit ungefähr 240 Mann.

Keiskamahoek.
 Hauptmann Lentz, mit ungefähr 50 Mann.
Braunschweig (früher Izela).
 Hauptmann Münter, mit ungefähr 100 Mann.
Ohlsen.
 Oberleutnant v. Temsky, mit ungefähr 50 Mann.
Kohlding.
 Hauptmann Schneider, mit ungefähr 50 Mann.
Frankfurt.
 Hauptmann v. Kronenfeldt, mit ungefähr 80 Mann.

Kavallerie.

Grey Town. I. Eskadron.
 Rittmeister Hunt.
 Leutnant Ward, mit 80 Mann.
Stutterheim. II. Eskadron.
 Rittmeister Douglas de Fenzi.
 Oberleutnant Johannsen, mit 80 Mann.

Assistenz-Ärzte.

I. Regiment: Dr. Brink im südlichen Viktoria-Distrikt.
 Dr. Vix in East London.
II. Regiment: Dr. Wilmans in King Williams Town.
 Dr. Ahrenhold in Wiesbaden.
III. Regiment: Dr. Winsell in Grey Town (Kavallerie).
 Dr. Koeneke in Braunschweig.

3. Kontrakt und Auswandererbedingungen 1858.

1. Kontrakt.

Zwischen dem Herrn Gustav Godeffroy, Senator der freien Hansastadt Hamburg, als Bevollmächtigter Sr. Exzellenz Sir George Grey, K.C.B., Ihrer Majestät der Königin von Großbritannien, High Commissioner und Gouverneur von Britisch-Kaffraria, nach Maßgabe einer von demselben am 25. August 1857 im Regierungsgebäude zu Kapstadt ausgestellten Vollmacht einerseits und N. N., bisher wohnhaft zu W., im eigenen Namen, sowie im Namen seiner Ehefrau und seiner Eigenschaft als väterlicher Vormund für seine Kinder, nämlich .... Kinder über 10 Jahre alt, ... Kinder von 1 bis 10 Jahre alt, ... Kinder unter 1 Jahr alt, andererseits ist am heutigen untenstehenden Tage folgender Kontrakt in gehöriger Form Rechtens abgeschlossen worden:

N. N. erklärt sich hiermit bereit, sowohl in Person, als auch in Begleitung seiner Familie, bestehend aus den im Eingange dieses Kontraktes erwähnten Personen auf Grundlage der Bedingungen, welche in den darauf bezüglichen, nebenstehend abgedruckten Paragraphen des Regulativs der Regierung von Britisch-Kaffraria enthalten sind, nach Britisch-Kaffraria auszuwandern; er gelobt und verspricht für sich persönlich und seine Erben, sowie auch im Namen der obenerwähnten zu seiner Familie gehörenden Personen und deren Erben alle aus dem von der Regierung von Britisch-Kaffraria erlassenen Regulativ entspringenden Verpflichtungen getreulich zu erfüllen.

Er bekennt, daß er der Regierung von Britisch-Kaffraria durch die auf Kosten und für Rechnung derselben von den Herren J. C. Godeffroy & Sohn übernommene Beförderung seiner Person und Familie den Betrag von .... Pfund .... Schill. Sterl. schuldig ist.

Er verpflichtet sich, für sich und seine Erben, sowie auch im Namen seiner sämtlichen erwähnten Familienmitglieder und deren Erben, daß dieser schuldige Betrag von ihm und den übrigen dazu mitverpflichteten Personen, als deren solidarische Schuld an die Regierung von Britisch-Kaffraria, in den Terminen und der Weise, wie solches in dem gedachten Regulativ vorgeschrieben ist, prompt und richtig zurückbezahlt werden soll und unterwirft sich im Fall der Nichtzahlung der gerichtlichen Exekution. —

Unter Verzichtleistung auf alle Einreden ist vorstehender Kontrakt in zwei gleichlautenden Exemplaren ausgefertigt und von beiden Kontrahenten unterzeichnet worden.

So geschehen zu Hamburg den 27. Mai 1858.

Zeugen
N. N.

Unterschriften:
N. N.
Gustav Godeffroy.

2. Auszug zu dem Regulativ.

§ 2. Ein Passagegeld von 12 Pfund 10 Schilling Sterling wird für jeden erwachsenen Einwanderer bezahlt.

§ 3. Kinder von 1 bis 10 Jahren bezahlen die Hälfte, Säuglinge unter 1 Jahr sind frei.

§ 14. Die Einwanderer erhalten von der Regierung in Britisch-Kaffraria folgende Gewährung an Land und Privilegien: Jedes Familienoberhaupt erhält umsonst einen Bauplatz in einem Dorfe, nahe den Ansiedlungen der englisch-deutschen Legion, und außerdem, für den Kaufpreis von Ein Pfund Sterling per Acker:

20 englische Acker guten Landes für jedes Ehepaar, außerdem
2 „ „ „ „ „ „ Kind im Alter von
                                1 bis 10 Jahren,
3 „ „ „ „ „ „ Kind im Alter von
                               10 bis 14 Jahren,
5 „ „ „ „ „ „ Kind im Alter von
                               über 14 Jahre,
10 „ „ „ „ „ jeden ledigen Mann,

zahlbar, wie nachstehend stipuliert.

§ 15. Wenn dem Einwanderer das ihm angewiesene Land nicht gefällt, und er abgeneigt ist, es zu übernehmen, so kann er, innerhalb eines Jahres nach seiner Ankunft, bei jeder Regierungsversteigerung in Britisch-Kaffraria Land kaufen, wobei ihm ein Nachlaß, bis zum Betrage seines, ihm unter den vorhergehenden Paragraphen zukommenden Privilegiums erlaubt wird, und ferner hat er solches Land nicht bar, sondern in den später spezifizierten Raten zu bezahlen.

§ 16. Das an die Herren F. C. Godeffroy & Sohn bezahlte Passagegeld von 12 Pfund 10 Schilling Sterling pro volle Person, ist als ein Vorschuß zu betrachten, welchen der Einwanderer zur Erleichterung seiner Passage von der Regierung erhalten hat und welchen er ihr, wie später erwähnt, zurückzuzahlen verpflichtet ist. — Damit der Einwanderer diese Bedingung vollkommen begreife, so hat derselbe vor der Abreise ein zu diesem Zwecke von der Regierung vorgeschriebenes gesetzliches Dokument, worin er sich verbindlich macht, den Betrag des für seine Reise bezahlten Passagegeldes der Regierung von Britisch-Kaffraria zurückzuerstatten, ordnungsmäßig zu unterzeichnen — die Regierung erläßt indes die Hälfte dieses Passagegeldes unverheirateten Töchtern, im Alter von 12 bis 25 Jahren. — Es sind zur Erlangung dieser Begünstigung, bei der ersten Terminzahlung, die betreffenden Taufscheine beizubringen.

§ 17. Die Rückzahlung des Passagegeldes, sowohl als die Bezahlung des gewährten oder gekauften Landes, soll folgendermaßen geschehen:

Ein Fünftel nach dem vierten Jahre
„   „   „   „ fünften   „
„   „   „   „ sechsten   „
„   „   „   „ siebenten „
„   „   „   „ achten   „

vom Tage der Ankunft in Ost-London.

§ 18. Jeder Einwanderer hat das Recht, wenn er will, seine Schuld ganz oder teilweise früher zu bezahlen. — Der volle Rechtstitel auf das Land wird aber nicht eher gegeben, bis sowohl Ankaufs- als Passagegeld völlig abbezahlt sind.

Für Vermessung des Landes oder Ausstellung des Rechtstitels darauf wird keine Gebühr berechnet.

§ 19. Die Regierung sorgt auf ihre eigenen Kosten für den Transport der Einwanderer und ihrer Effekten vom Schiffe nach deren respektiven Niederlassungen.

§ 20. Keine Zollgebühren werden für die persönliche Bagage und Effekten, welche nicht für Handel oder Kaufmannschaft bestimmt sind, erhoben.

4. Bekanntmachung der Hamburger Agenten über Auswanderungsbedingungen 1877 in der dem Kapparlament vorgelegten englischen Übersetzung.

Conditions under which the Commissioner of Crown-Lands and Public Works of the Cape Colony, John Xavier Merriman, grants free passage to the Colonies of His Government to Immigrants.

Immigrants who are acquainted with agricultural pursuits will receive a free passage and rations during the passage to Cape Town and other parts of the Cape Colony and will be forwarded from Hamburg per sailing vessels.

The immigrants must consist of families, and the parents must not have attained the 50th year on the day of embarkation at Hamburg. Single women unless in company of their parents or guardians, mothers with childern without their husbands, and fathers with childern without their wives, do not receive a free passage. A limited number of single men may be taken. All passengers must be of sound body and mind, in perfect health, must not have been convicted of any crime, nor have received support from any public community, and must bear a good character. Official certificates must be annexed to the application for a free passage, also the sum of

33 Mark (£ 1. 13 sh.) for each person above 12 years of age, and 15 Mark (18 sh) for each child under 12 years of age — for which amount board and lodging during three days previous to the departure of the ship will be given in Hamburg, the luggage sent on board and the immigrants supplied with mattresses, bed linen, plates, cups, etc., for use on the passage.

Should an application for a free passage not be granted the money remitted will be returned without any deduction within three days.

The immigrants do not incur any obligations in lieu for the free passage, but are an arrival at their destination perfectly free — they may undertake work for the government or private persons or work for themselves.

Each immigrant may, on arrival, or within 6 months acquire for each adult 20 acres, or more, of good arable land at 10 shillings English (10 Mark) per acre, to be paid for in ten years by annual instalments of one shilling per acre.

The Cape Government will (if necessary) grant advances for the purchase of seeds and agricultural implements, the respective amounts to be repaid in instalments, and forward the immigrants and their luggage free of expense from board ship to the location.

Applications should be made early as the ships are often filled up long before sailing.

We, as well as our agents, will give any other information which may be required.

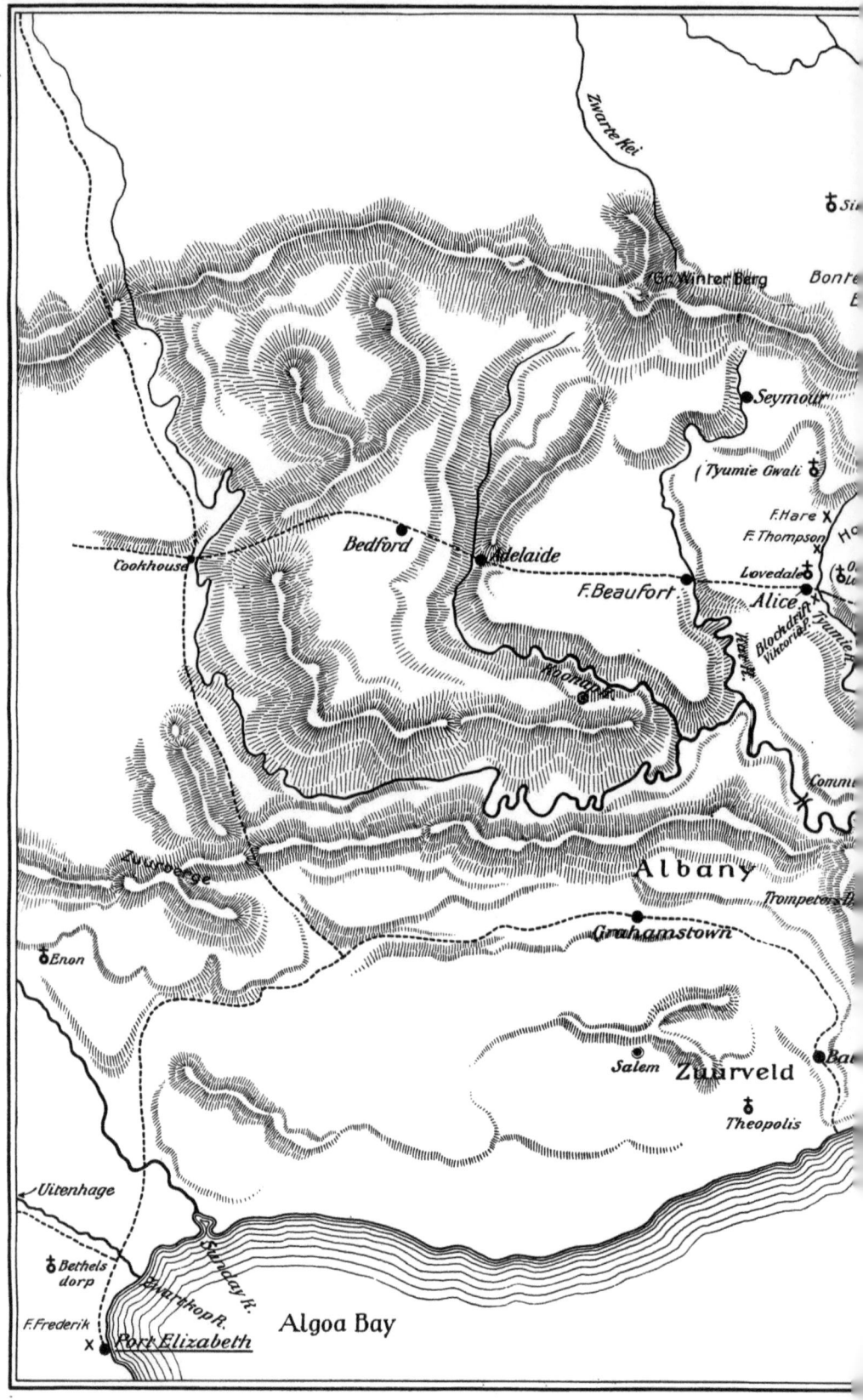

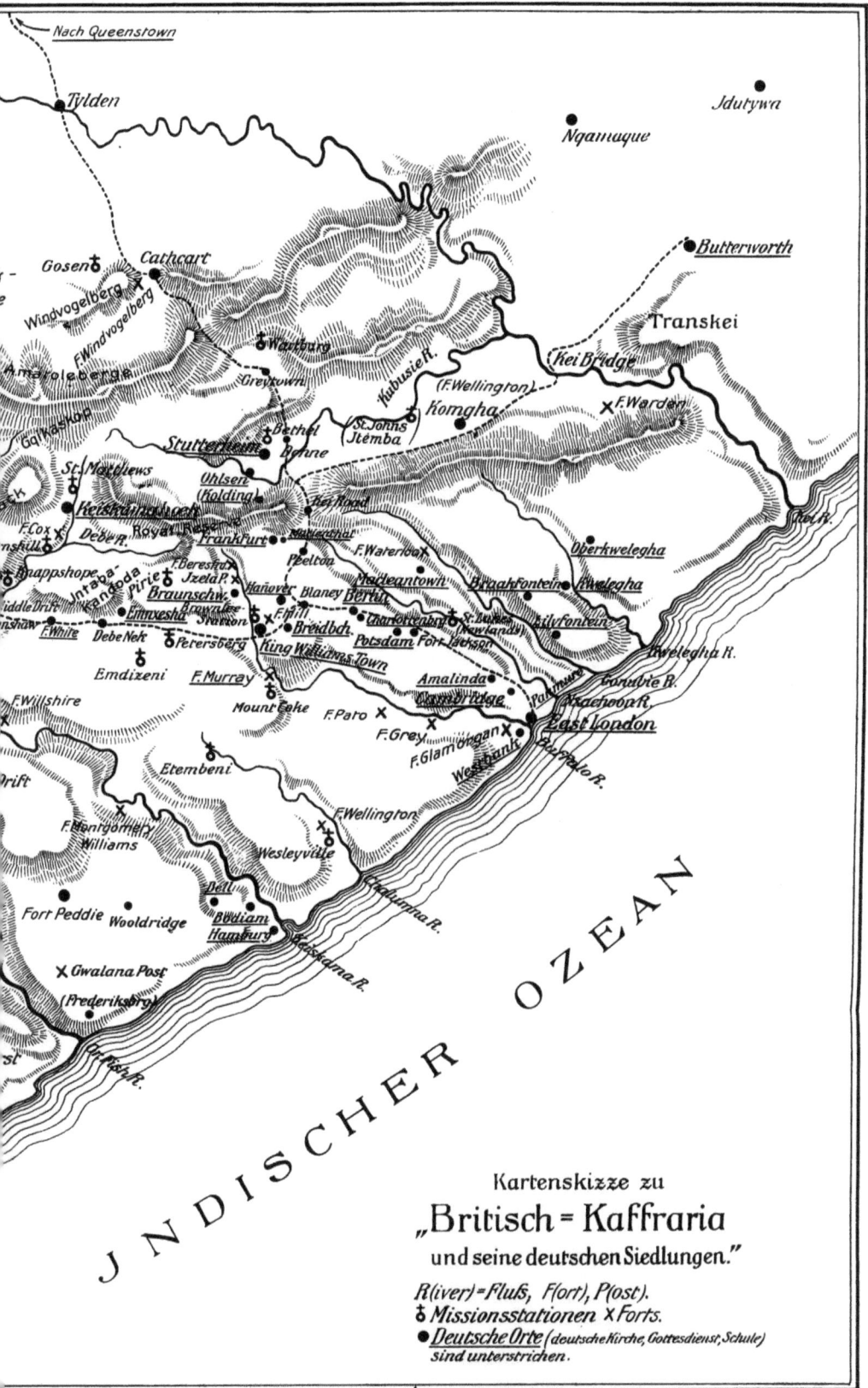

Printed by Libri Plureos GmbH
in Hamburg, Germany